통역설교 당신도 할 수 있다
-통역설교의 이론과 실제-

모든 인간은 하나님의 형상을 닮은 존엄한 존재입니다. 전 세계의 모든 사람들은 인종, 민족, 피부색, 문화, 언어에 관계없이 존귀합니다. 예영커뮤니케이션은 이러한 정신에 근거해 모든 인간이 존귀한 삶을 사는 데 필요한 지식과 문화를 예수 그리스도의 사랑으로 보급함으로써 우리가 속한 사회에 기여하고자 합니다.

통역설교 당신도 할 수 있다

초판 1쇄 펴낸 날 · 2010년 3월 30일 | 초판 1쇄 찍은 날 · 2010년 3월 25일

지은이 · 김동조 | **펴낸이** · 김승태

등록번호 · 제2-1349호(1992. 3. 31.) | **펴낸 곳** · 예영커뮤니케이션
주소 · (136-825) 서울 성북구 성북1동 179-56 | **홈페이지** www.jeyoung.com
출판사업부 · T. (02)766-8931 F. (02)766-8934 e-mail: edit1@jeyoung.com
출판유통사업부 · T. (02)766-7912 F. (02)766-8934 e-mail: sales@jeyoung.com
제작 예영 B&P · T. (02)2249-2506~7

copyright ⓒ 2010, 김동조

ISBN 978-89-8350-577-4(03230)

값 7,000원

- 잘못 만들어진 책은 교환해 드립니다.
- 본 저작물은 저작권법에 의하여 한국 내에서 보호를 받는 저작물이므로 무단 전제와 무단 복제를 금합니다.

통역설교 당신도 할 수 있다

김동조 목사 지음

| 감사의 글 |

사역의 모범이 되시는 부모님께 이 책을 헌정한다.

이 책이 출간되기까지 끊임없이 격려해 준
나의 아내 심은경 전도사와
나의 두 딸 수현이, 주은이에게도 감사의 마음을 전한다.

나의 통역사역을 적극적으로 후원해 주시는
재아동산교회 성도들께 감사드린다.

마지막으로, 지금도 전 세계 곳곳에서
통역사역으로 하나님께 영광 돌리는 통역사들께 이 책을 바친다.

| 추천사 1 |

"오직 성령이 너희에게 임하시면 너희가 권능을 받고 예루살렘과 온 유대와 사마리아와 땅 끝까지 이르러 내 증인이 되리라 하시니라."(행 1:8)

하나님께서 우리를 사랑하심으로 독생자 예수 그리스도를 이 땅에 주셔서 인류의 모든 죄를 사하셨습니다. 예수님께서는 십자가에 달려 죽으시고 사흘 만에 부활하심으로 우리의 모든 죄와 불의, 저주와 질병, 가난과 죽음을 대속하셨습니다. 그리고 하늘 보좌에 오르시기 전에 이 땅에서 우리에게 주신 마지막 명령이 바로 "땅 끝까지 이르러 내 증인이 되라."는 말씀이었습니다.

전 세계는 교통과 통신 기술의 발달로 지구촌화되었고, 21세기에 급속히 발달한 IT, 즉 정보 기술(information technology, IT) 산업은 문화 전반에 있어서 국제화의 영역을 더욱 빠르게 확산시키고 있습니다.

지금은 각자의 처소에서 세계 각국의 목사님들의 설교를 듣거나 시청할 수 있는 시대입니다. 한편, 우리나라도 국제화 시대를 맞이하여 2009년 6월을 기준으로 한국에 거주하는 외국인의 수가 110만 명을 넘어서고 있습니다. 이제는 한국교회가 해외에 선교사를 파송하는 것만큼 한국에 들어와 있는 외국인을 대상으로 한 전도와 선교에도 힘써야 할 것입니다. 목회자들이 국경을 넘어 나라와 민족을 초월하여 강단의 교류가 활발한 시대에 요구되는 것 중의 하나가 통번역일 것입니다. 국제화 시대를 맞이하여 사회 각 분야에서는 저마다의 전문성에 맞는 통번역을 위한 통역사들의 중요성이 대두되고 있습니다. 마찬가지로 교회도 전문적인 통역설교에 대해 많은 관심을 가져야 합니다.

저는 처음 신앙을 가졌을 때, 한국에서 사역하시는 선교사님의 설교를 통역하면서 영어뿐만 아니라 신앙도 한층 성장하였습니다. 그러나 당시는 통역설교에 대한 지침도 없었을 뿐만 아니라 성경통신강좌 문제들을 풀면서 배운 성경 지식으로는 익숙하지 않은 성경이나 기독교 용어를 익히는 것이 매우 힘들었습니다.

이번에 아르헨티나에서 선교사역을 하시는 김동조 목사님이 특별한 사명과 비전을 가지고 통역설교에 관한 내용을 책으로 정리했다는 소식에 기쁜 마음을 금할 수 없습니다. 이 책이 나오기까지 선교사역의 어려움 가운데에서도 책의 발간을 위해 수고하신 목사님과 모든 돕는 손길들 위에 하나님의 사랑이 충만하시기를 바랍니다.

이 책이 땅끝까지 주의 말씀을 전하는 일에 많은 도움이 되기를 기원합니다. 또한 이 책을 읽는 모든 분들께 주님의 은혜가 넘치시기를 바라며 기쁘게 추천합니다.

여의도순복음교회
원로목사 조용기

| 추천사 2 |

저는 어린 나이에 부모님을 따라 파라과이로 이민을 갔습니다. 그곳에서 하나님의 부르심을 받고 20대의 이른 나이에 홀로 전도사가 되어 이웃 나라인 에콰도르로 이주해 순복음교회를 개척했습니다. 이처럼 선교현장에서 목회를 하다 보니 통역도 수없이 해 왔습니다.

여의도순복음교회에서 9년간 사역할 당시에도 중남미에서 오시는 목회자들을 위해 통역함은 물론 청와대에서도 통역할 수 있는 기회가 주어지기도 했습니다. 저는 이 일을 전문적으로 하는 통역사는 아니지만, 국제화 시대를 맞이해서 한국교회에서의 통역사역은 너무나도 중요하다고 하는 것을 날로 실감합니다.

이 책의 저자인 김동조 목사가 제가 시무하고 있는 교회에 부교역자로 있을 때에 외부 강사들의 통역을 했던 기억이 엊그제 같은데, 그동안의 경험을 모아 "통역설교 당신도 할 수 있다"라는 제목으로 통역설교에 관한 글을 정리했다는 것이 그저 감탄

스럽기만 합니다. 특히 김동조 목사는 큰 무대에서의 경험뿐만 아니라 통역을 학문적으로 공부한 전문가이기도 합니다.

이 책은 세계선교의 사명을 띠고 있는 한국교회가 어떻게 하면 통역사역으로 국제화를 이룰 수 있는지를 다루고 있으며, 통역초보자들을 위한 노하우도 담고 있습니다.

이 책을 통해 통역사역으로의 부르심을 받는 주의 종들이 많이 일어나기를 바라며 기쁘게 추천하는 바입니다.

순복음원당교회 당회장
고경환 목사

|차례|

감사의 글
추천사
서문

제1장_ 성경적 기초 · 23

국제화 시대의 전문사역자
바벨탑 이후 의사소통의 문제
신구약 성경의 90%는 다문화적 배경
예수님께서는 가장 탁월한 통역사
당신도 할 수 있다

제2장_ 나는 왜 통역설교를 하게 되었는가? · 41

비전으로서 시작되다
번역서를 보고 경악하다
은혜를 받으러 집회에 참석했다가 통역강사가 되다
가교 역할

제3장_ 통역의 종류 · 57

동시통역
순차통역
위스퍼링통역
릴레이통역

제4장_ 설교통역인가, 아니면 통역설교인가? · 69

일반통역사가 설교를 통역하지 못하는 이유
설교자는 예수님, 통역사는 세례요한
통역설교

제5장_ 통역설교자의 기본 매너 · 79

분위기에 자신을 맞추라
두 문화 사이에 가교 역할
사람들은 나를 듣는다
통역사는 코디네이터가 아니다
전문통역사에게서 직업윤리를 배우라

제6장_ 통역설교자의 강단 매너 · 97

통역도 설교다
스피드 조절이 관건이다
성경적인 표현을 사용하라
돌발 상황, 어떻게 극복해야 하나?
능숙하지 못한 설교자와 능숙한 통역사
실수는 누구나 한다

제7장_ 통역설교자의 준비 · 119

사전에 설교자의 스타일을 마스터하라
할 수만 있다면, 원고를 부탁하라
설교자와 한 마음이 되어라
목 관리에 목숨을 걸라
요즘에는 통역도 기록에 남는다

제8장_ 동시통역은 이렇게 하라 · 137

부스 안에는 성경책 한 권밖에 없다
의미전달이 생명이다

제9장_ 통역사를 두고 설교할 경우 · 145

통역사를 사전에 만나 친분을 쌓는다
존중한다

제10장_ 번역은 이렇게 하라 · 155

말은 사라지지만 글은 남는다
직역인가, 의역인가?
저자의 사상에 잠기라

저자후기

|서문|

    전문성이 요구되는 국제화 시대에 통역설교는 이제 더 이상 선택이 아니라 필수사역입니다. 이제 영어는 물론이고 제2의 외국어를 해야 하는 시대가 도래했습니다. 이러한 시대에 발맞춰 우리 한국교회에도 외국인들이 드나드는 것은 흔한 일이 되었습니다. 신앙생활을 어느 정도 한 사람이라면 굳이 인터넷 방송을 시청하지 않고도 외국인 목사님의 설교를 수십 번은 들었을 정도로 이제 한국교회도 국제화 시대를 맞이하고 있는 실정입니다.

    어디 그뿐입니까? 목회자는 보다 신속한 정보를 얻기 위해 해외교회의 인터넷 사이트를 방문하고, 선교를 위해 1년에도 수차례 해외를 방문하는 것이 일상이 되었습니다. 그 가운데 가장 절실한 것은 통역설교에 대한 바른 이해입니다. 사실 해외선교에 있어서 가장 중요한 것을 꼽으라고 한다면, 그것은 통번역일 것입니다.

    모든 것이 전문화되고 있는 이 시대에 유난히 통역설교에 대한 중요성이 대두되지 않은 것이 그저 놀랍기만 합니다.

지구촌 시대를 맞이하여 세상에서는 통역사들이 각광을 받고 있는 가운데 유난히 교회에서는 그 중요성을 인식하지 못하고 있다는 인상을 받습니다. 사실상 통역이 매끄럽지 못하면 그 집회에 참석한 사람들이 은혜를 받기란 거의 불가능합니다. 그런데도 아직까지 "통역하는 주제에!"라고 말하며 통역강사를 푸대접하는 경우가 있는가 하면, 반대로 통역강사는 기대했던 접대를 받지 못한다는 이유 하나만으로 "내가 없으면 말도 못 알아듣는 주제에!"라고 말하며 가교 역할에 충실하지 못할 때가 있습니다.

사실 통역설교는 그 이상 그 이하도 아닙니다. 하나님께서는 모든 사람들에게 은사를 주셨기에 통역사 역시 하나님의 영광을 위해 그 은사를 적극 활용하는 사람일 뿐입니다. 그런 의미에서, 통역강사는 주강사처럼 각광을 받을 것도 없고, 그렇다고 해서 무시당할 것도 없는 유일무이한 사역입니다.

저는 10년 넘게 통역설교를 해 왔습니다. 그동안 작은 교회 큰 교회 할 것 없이 국내외의 수많은 교회들을 방문했고, 재미있고 웃지 못할 경험도 많이 해 왔습니다. 그러나 제가 지금 자신 있게 말할 수 있는 것은 목회자로서 통역설교를 한다는 것은 큰 영광이라는 것입니다. 때로는 사람들이 알아주지 않을 때도 있지만, 초청강사를 따라다니고 그가 높임을 받는 것을 보면서 '바로 이것이 주의 종이 주님께 대해 가져야 할 자세구나' 하는 생각을 수없이 했습니다. 그 때문에 한 교회의 담임 목회자가 된 지금도 저는 통역설교에 대한 의뢰가 들어오면 육체적으로 감당할 수 있는 한 기꺼이 응합니다. 그리고 제가 주강사로 나서는 집회와 마찬가지로 똑같은 정성을 들입니다.

지나고 보니 통역이 아니었더라면, 세계적인 주의 종들을 만나지도 그들과 교제하지도 못했을 것입니다. 크게 쓰임 받는 목회자들과 함께하는 시간이 많았었기에 저의 믿음도 크게 자라날 수 있었습니다. 통역사역은 저로 하여금 다른 통로로는 도저히 도달할 수 없는 곳에 이르게 하였고, 이로 인해 저는 돈 주고 살 수 없는 옥주와 같은 경험들을 획득했습니다. 알고 보니, 통역설교는 저의 비전의 일부분이었습니다.

지금 이 순간에도 선교를 위해 애쓰는 한국교회의 수많은 목회자들이 해외에 나가 말씀을 증거하고 있습니다. 또한 수많은 외국 목회자들이 한국교회의 강단에서 말씀을 외치고 있습니다. 그리고 그 가운데는 이름도 없이 빛도 없이 통역으로 가교 역할을 하는 이들이 있습니다. 그러나 이 중에는 학문적으로 준비된 자들도 있지만, 대개는 전문인으로서 준비가 되지 않은 목회자들이 통역사역을 감당하고 있는 실정입니다. 그들도 조금만 준비한다면 얼마든지 탁월한 통역설교를 할 수 있다는 것이 저의 생각입니다.

이를 위해 통역사로서의 학문적인 기본 지식을 익히고, 앞선 사람들의 풍부한 경험을 귀담아두고, 사전에 철저하게 준비만 한다면, 누구든지 통역강사로서 귀하게 쓰임 받을 수 있습니다.

그러므로 더 이상 두려워하지 마십시오. 부족하나마, 조금이라고 할 수 있는 것을 하나님께서 들어 쓰시겠다고 한다면, 기꺼이 내놓아야 합니다. 당신도 통역설교를 잘할 수 있습니다.

김동조 목사

| 제1장 **성경적 기초** |

국제화 시대의 전문사역자
바벨탑 이후 의사소통의 문제
신구약 성경의 90%는 다문화적 배경
예수님께서는 가장 탁월한 통역사
당신도 할 수 있다

국제화 시대의 전문사역자

지구상에는 6천 개 이상의 언어가 있습니다. 이 수치는 국가 수를 염두에 둘 때 굉장히 충격적인 정보가 아닐 수 없습니다. 국제 예수전도단(YWAM)의 로렌 커닝햄(Loren Cunningham) 목사님께서는 현재 전 세계에는 190개국이 있고, 59개의 독립국가들이 있다고 말한 바 있습니다. 국가 수는 상당히 제한되어 있는 반면에 왜 언어 수는 그토록 많은 것일까요? 그 이유는 간단합니다. 민족과 나라와는 달리 언어에는 어떤 경계선도 없기 때문입니다. 다시 말해, 언어는 살아 움직이는 특성을 가지고 있기 때문에 인류가 생존하는 동안 끊임없이 발전을 거듭해 온 것입니다.

21세기의 화두는 국제화(globalization)입니다. 이 물결에 교회도 예외일 수가 없습니다. 20세기의 선교사들은 복음에 배타적인 나라에 가서 일평생 복음을 증거하며 그곳에 뼈를 묻는다고 생각하였습니다. 그러나 지구촌 시대를 맞은 현재에 이르러서는 그런 개념이 상당히 사라져 버리고 말았습니다. 이제는 목회자뿐만 아니라, 평신도 지도자들과 청년들까지도 단기선교를 많이 다녀오는 추세이기 때문에 선교는 특별한 사명이라기보다는 신앙생활의 일부분이 되었습니다. 그런 의미에서 선교도 이제는 민주화 시대를 맞이하게 된 것입니다.

오늘날 한국교회는 선교에 있어서 귀하게 쓰임 받고 있다고 하는 데 이의를 제기할 사람은 없을 것입니다. 한국교회가 파송한 선교사들이 무려 6천 명이 넘는다고 합니다. 오늘도 선교현장에서 외국어로 복음을 증거함은 물론 외국인 강사들이 한국교회의 강단에 서는 일은 더 이상 희귀한 현상이 아닙니다.

이런 와중에 오늘도 묵묵히 한국교회를 섬기고 있는 통역사들이 있습니다. 국제화 시대를 살고 있는 우리에게 통번역은 더 이상 선택이 아니라 필수사역입니다. 사실상 통역이 없으면 의사소통 자체가 불가능함에도 불구하고, 그동안 한국교회는 통역에 대한 전문 지식도 필요성도 염두에 두지 않았다는 느낌을 금할 수 없습니다. 이제는 통역도 전문사역자가 맡아야 할 시대가 도래했습니다. 통역은 설교만큼 중요합니다.

역사적으로 볼 때 교회만큼 외국어에 대한 중요성을 강조한 기관도 없을 것입니다. 끊임없는 외국인 강사들의 발길을 통해 성도들은 이미 외국어로 설교를 듣는 것이 아주 오래 전부터 익숙해 있었습니다.

역사를 연구해 보면, 한국이 일본보다 뒤쳐진 것은 서양문화를 뒤늦게 받아들였기 때문입니다. 그래서인지 지금도 일본은 통번역에 대한 인지도가 높아 정보를 보다 신속하게 받아들이는 반면, 우리나라에서는 통번역에 대한 접대가 제대로 이루어지지 않고 있는 실정입니다.

그러므로 저는 한국교회가 '통역설교자'라고 하는 전문사역자를 배출할 때가 왔다고 굳게 믿고 있습니다. 국제화 시대에 통역은 선택이 아니라 필수사역입니다.

바벨탑 이후 의사소통의 문제

　창세기 11장을 보면, 바벨탑에 관한 말씀이 서술되어 있습니다. "온 땅의 언어가 하나요 말이 하나였더라."(창 11:1) 이는 실로 놀라운 사실이 아닐 수 없습니다. 언어가 하나였기 때문에 당연히 의사소통에도 문제가 없었을 것입니다.

　그러나 하나님처럼 높아지고자 바벨탑을 쌓은 인간은 하나님의 심판을 재촉했습니다. "여호와께서 이르시되 이 무리가 한 족속이요 언어도 하나이므로 이같이 시작하였으니 이 후로는 그 하고자 하는 일을 막을 수 없으리로다. 자, 우리가 내려가서 거기서 그들의 언어를 혼잡하게 하여 그들이 서로 알아듣지 못하게 하자 하시고 여호와께서 거기서 그들을 온 지면에 흩으셨으므로 그들이 그 도시를 건설하기를 그쳤더라."(창 11:6~8) 결국 하나님께서는 온 땅의 언어를 혼잡하게 하심으로써 인간으로 하여금 바벨탑을 더 이상 쌓지 못하게 하셨습니다.

바로 이때부터 인간의 언어는 민족과 지역, 그리고 국가마다 천차만별이 되었습니다. 그리고 이 문제를 극복하기 위해 누군가의 통역이 필요했으리라고 하는 짐작을 하는 것은 쉬운 일입니다.

그 이후로 성경은 언어가 다시 통합될 것을 예언하고 있습니다. 사도 바울은 "형제들아 내가 우리 주 예수 그리스도의 이름으로 너희를 권하노니 모두가 같은 말을 하고 너희 가운데 분쟁이 없이 같은 마음과 같은 뜻으로 온전히 합하라."(고전 1:10)라고 권고하고 있습니다. 여기서 '같은 말'이라고 하는 것은 '하나의 언어'를 구사하라는 의미입니다.

그런 의미에서 오순절 성령강림 사건은 우리에게 시사하는 바가 굉장히 크다고 할 수 있습니다. "그들이 다 성령의 충만함을 받고 성령이 말하게 하심을 따라 다른 언어들로 말하기를 시작하니라."(행 2:4) 바벨탑이 언어의 타락을 말하는 것이라면, 오순절 성령강림 사건은 언어의 회복을 말하고 있기 때문입니다.

요한계시록에 보면, 최후에 각 나라와 족속과 백성과 방언에서 아무도 능히 셀 수 없는 큰 무리가 나와 "큰 소리로 외쳐 이르되 구원하심이 보좌에 앉으신 우리 하나님과 어린양에게 있도다."(계 7:10) 하며 찬양할 것을 사도 요한은 환상으로 보았다고 기록하고 있습니다. 다시 말해, 예수 그리스도를 믿는 신앙

안에서 인간의 언어는 다시 하나가 될 것이라고 하는 말씀입니다.

그러나 그때까지 우리는 의사소통의 문제를 겪지 않을 수 없습니다. 하나님께서 오늘도 통역사를 들어 쓰시는 이유가 바로 여기에 있습니다.

신구약 성경의 90%는 다문화적 배경

성경은 신앙을 가진 모든 자들의 표본이 되는 하나님의 말씀입니다. 그런데 한 가지 흥미로운 것은 신구약 성경의 90%는 다문화적 배경을 가지고 있다고 하는 점입니다.

구약성경에 보면, 족장들로부터 시작하여 신앙의 위인들은 하나같이 이방민족 가운데 하나님에 대한 믿음을 지켜야만 했습니다. 아브라함은 가나안 땅에서 하나님을 섬겼고, 요셉은 이집트에서 하나님의 이름을 높였습니다. 족장들은 믿음만 탁월한 것이 아니라, 외국어에도 능통한 사람들이었습니다.

여호수아와 갈렙 시대에도 달라진 것은 없었습니다. 광야를 통과한 이스라엘 백성이 앞두고 있는 가나안 땅은 이미 바알 신을 섬기고 있는 정착민들이 자리 잡고 있던 곳이었습니다. 물론 그들과 언어적으로 의사소통을 해야만 했으므로 이스라엘 사람들은 가나안 주민들의 언어를 배웠습니다.

　다윗 왕조 시대를 넘어서서 이스라엘이 남북으로 갈라질 때에도 가나안 땅은 다문화적 배경을 가지고 있었습니다. 기원전 722년에 북왕국이 앗수르에 의해 멸망되고, 587년에 남왕국이 바벨론에 의해 멸망되었을 때에도 그들은 이스라엘에 영향력을 행사하기 위해 그들의 언어를 가르쳤습니다. 아닥사스다 왕의 술관원 노릇을 했던 느헤미야가 페르시아어를 했음은 물론, 믿음의 영웅 다니엘도 아람어에 능통했습니다(단 2:4).

　그러므로 다니엘서의 상당한 부분이 히브리어가 아닌 아람어로 기록되어 있다고 하는 것은 이런 배경으로 미루어 보아 하나도 놀랄 만한 일이 아닙니다. 고대 근동어에 대한 연구가 더 필요한 것은 사실이지만, 하나님께서 귀하게 들어 쓰신 종들이 고대 근동어를 잘했음을 부인할 수 있는 사람은 많지 않을 것입니다.

　그렇다면 신약시대는 어떨까요? 당시 이스라엘의 영토는 기원전 64년부터 로마가 정치적으로 지배하고 있었다는 점을 감안하면, 구약성경의 맥락과 크게 다를 바가 없습니다.

　당시의 화폐 단위를 보면 렙돈과 세겔은 유대화폐였고, 드라크마와 므나와 달란트는 헬라화폐였으며, 고드란트와 데나리온은 로마화폐였습니다. 이는 정치적으로는 로마가, 문화적으로는 헬라가, 그리고 종교적으로는 유다가 영향력을 행사하는 삼

중 구조를 지녔다는 의미이기도 합니다.

이 같은 다문화적 배경은 언어적 관점에도 반영되어 있습니다. 기본적으로 신약성경은 헬라어로 쓰여져 있지만 "에바다"(막 7:34), "아바 아버지"(막 14:36), "엘리 엘리 라마 사박다니"(마 27:46) 등의 표현들은 아람어입니다. 그리스도의 수난(The Passion of Christ)이라고 하는 영화에 잘 반영되어 있듯이 예수님께서는 히브리어, 헬라어, 아람어에 능통하신 분이었습니다.

결론적으로 말하면, 성경의 90%는 다문화적 배경을 가지고 있습니다. 다문화권이란 그만큼 다양한 언어가 통용되고 있었다고 하는 뜻입니다. 지금은 영어가 세계공용어가 되다시피 한 것은 사실이지만 여기서 중요한 것은 외국어를 하는 사람이 귀하게 쓰임을 받는다는 점입니다. 그런 의미에서 통번역의 영향력은 가히 절대적이라고 할 수 있을 것입니다.

예수님께서는 가장 탁월한 통역사

통역이란 출발어를 도착어로 전달하는 순발력이 요구되는 구두 행위입니다. 통역사는 두 언어와 문화 사이에 가교 역할을 하는 사람이기 때문에 어떤 이들은 통역사를 가리켜 '투명 인간'이라고 말을 하기도 합니다.

저는 10여 년 동안 통역사역을 하면서 나름대로 노하우를 쌓아왔습니다. 그동안 관심 있게 지켜본 통역사들도 셀 수 없을 정도로 많이 있습니다. 그 가운데 출발어는 잘하지만 도착어를 잘하지 못하기 때문에 통역에 애를 먹는 통역사, 사투리가 워낙 강해서 사람들이 그 말을 잘 이해하지 못하는 통역사, 통역을 하는 것인지 책을 읽는 것인지를 구분하지 못할 정도로 부자연스럽게 말하는 통역사들이 있는가 하면, 반대로 실력이 너무나도 탁월해서 누가 설교자인지 누가 통역사인지 구분하지 못할 정도로 잘하는 프로 통역사, 빈틈없이 통역을 척척 해내는 노련한 통역사 등 말하자면 끝이 없을 것입니다.

'어떻게 하는 것이 통역을 잘하는 것인가?' 하는 질문을 놓고 저는 끊임없이 고민했습니다. 그런 와중에 어느 한 집회에 참석하여 해답을 얻은 것 같아 기분이 좋았습니다. 드디어 훌륭한 모델을 찾았기 때문입니다. 그분은 스페인어를 영어로 통역하시는 분이었는데, 얼마나 매끄럽고 탁월하게 통역을 하시던지 그저 감탄하기에 바빴습니다. 저는 그에게 다가가 "나도 통역하는 사람인데, 지금까지 당신처럼 통역설교를 잘하는 사람은 처음 봤습니다."라고 말을 건네자 그는 "그런 인상을 받으셨나요? 그저 감사할 따름입니다."라고 환하게 웃으며 대답했습니다.

감사하게도 지금은 그분과 친구가 되었지만, 내 마음속에는 무엇인가 부족하다는 느낌을 금할 수 없었습니다.

그러던 어느 날이었습니다. 저를 통역강사로 초빙한 목사님께서 강단에서 저의 질문에 근본적인 해답을 주셨습니다. 그분은 통역사인 나를 높이시려고 "통역강사님께 큰 격려의 박수를 드리시기 바랍니다. 이 세상에서 통역을 가장 잘하는 분이십니다. 이분이 아니었더라면 제가 여러분께 말씀을 증거하는 것 자체가 불가능했을 것입니다."라고 말씀하셨습니다. 그 문장을 통역하는 것이 얼마나 어색했던지 저는 부끄러워서 어쩔 줄 몰랐습니다.

그러나 곧바로 분위기는 반전되었습니다. "그러나 사실상 이 세상에서 통역을 가장 잘하는 분은 김동조 목사님이 아니라 예수님이십니다." 저는 이 말을 듣자마자 속으로 눈물을 흘리고 말았습니다. 저는 그때 예수님이 통역사(interpreter)라고 하는 말은 생전 처음 들었습니다. 강사 목사님께서는 계속해서 말씀하시기를 "예수님께서는 우리에게 하나님의 사랑을 알아들을 수 있도록 우리의 언어로 통역을 해 주셨습니다. 예수님께서 통역을 해 주지 아니하셨더라면 우리는 하나님의 사랑을 깨닫지 못했을 것입니다."

예수님이야말로 가장 탁월한 통역사이십니다. 그분은 하나님의 사랑인 출발어를 인간의 언어인 도착어로 가장 잘 통역하신 분으로서 통역의 모델이 되시는 분이십니다. 그런 의미에서 본다면, 통역사역은 굉장히 성경적입니다. 그러므로 통역사역에 뛰어들기를 원한다면, 당신은 가장 먼저 예수님의 마음을 가져야 합니다.

당신도 할 수 있다

이 시대는 전문사역자를 필요로 하고 있습니다. 통역사역도 이제는 지나칠 수 없는 전문사역이 되었습니다. 그러므로 당신이 비록 대학 과정의 번역학과나 대학원 코스의 동시통역을 수학하지 않았더라도 하나님으로부터 받은 소명과 은사만 있다면, 당신도 통역설교를 얼마든지 잘할 수 있습니다.

10여 년 전에 저는 사역에 경험이 없는 전도사 신분에 불과했습니다. 당시 우연찮게 5천 명이 모이는 집회를 준비하는 주최측과 연결이 되어 통역강사들과 같은 숙소에 묵게 되었습니다.

저는 오래 전부터 통역설교자로 쓰임 받겠다고 하는 꿈을 가지고 있었기 때문에 기대에 잔뜩 부풀어 있었습니다. 일반적으로 전문통역사들 사이에서는 수행통역사(escort interpreter)들은 전문인으로 간주하지 않습니다. 그 이유는 그들이 학문적으로 준비되지 않았고, 제한된 외국어 실력을 살려 옆에서 간단한 대화를 통역하는 일을 수행하는 아마추어 통역사들이기 때문입니다. 그러나 저는 그곳에서 수행통역사 노릇도 하지 못하고 있었습니다.

미국에서 오신 어느 선배 목사님께서는 "김동조 전도사는 경험이 있나?"라고 질문을 던지시자 저는 곧바로 "아닙니다."라고 말할 수밖에 없었습니다. 그 이유는 겸손해서가 아니라 사실상 단 한 번도 통역설교라고 하는 것을 해 본 적이 없었기 때문입니다.

그 목사님께서는 "경험이 없으면 안 돼"라고 딱 잘라서 말씀하셨습니다. 물론 그분이 어떤 감정을 가지고 그런 말씀을 하신 것은 아니었습니다. 그저 냉정하게 평가해서 대형집회에서 경험이 없는 전도사가 통역강사로 나서는 것은 아무리 보조라고 해도 안 된다는 결론이었습니다.

그때 저는 오래 전부터 준비해 온 것을 떠올리면서 '나도 할 수 있다'라고 긍정적으로 생각했습니다. 그리고 하나님의 은혜로 보조통역을 성공적으로 수행해 낼 수 있었습니다. 저의 비전의 일부분인 통역사역은 이렇게 시작되었습니다.

통역사역을 아무런 준비도 없이 나서는 것은 문제입니다. 그러나 학문적으로 단 한 번도 통번역을 공부하지 않았다고 해서 통역사로서 쓰임 받지 못한다는 법은 존재하지 않습니다. 아무리 통번역학과를 졸업했어도 통역사역을 감당하지 못하는 사람들은 셀 수 없을 정도로 많습니다.

외국어 실력이 조금 부족하고, 사람들 앞에 나서는 것을 부끄러워하며, 경험이 없다고 해도 당신도 준비만 하면 얼마든지 잘할 수 있습니다.

제2장 나는 왜 통역설교를 하게 되었는가?

비전으로서 시작되다
번역서를 보고 경악하다
은혜를 받으러 집회에 참석했다가 통역강사가 되다
가교 역할

비전으로서 시작되다

정확하게 언제인지는 잘 모르겠지만 제가 매우 어릴 때였던 것으로 알고 있습니다. 당시 저는 굉장히 큰 교회에서 마이크를 잡고 수많은 사람들에게 말하는 환상을 보았습니다. 그 환상은 너무나도 선명하게 내 마음속에 자리 잡고 있었기 때문에 원하면 언제든지 떠올릴 수가 있었습니다. 그러나 자라면서 그 환상은 제 기억 속에서 완전히 잊혀지고 말았습니다.

저희 부친은 순복음 교단 소속의 목회자로서 교민목회를 하기 위해 1984년 아르헨티나로 온 가족과 함께 이민을 가셨습니다. 당시만 해도 국제화 시대가 아니었기 때문에 우리 가족은 한국에서 일본, 일본에서 캐나다, 캐나다에서 페루, 페루에서 칠레, 칠레에서 아르헨티나로 여행하는 강행군을 견디어 내야만 했습니다.

초등학교에 입학한 저는 선생님의 말을 하나도 알아듣지 못했었기에 수학 시간 외에는 혼자만의 세계에 빠져 볼펜을 붙들고 비행기 놀이를 하던 생각이 아직도 생생합니다. 제 기억으로는 그곳에서 생활한 지 1년 만에 웬만한 표현들을 익힐 수 있었고, 3년이 지난 후부터는 어려운 단어들도 귀에 들리기 시작했습니다.

공교롭게도 저의 기피 대상 1호는 저의 부친이었습니다. 아버지께서는 제가 TV를 보고 있을 때면 제 옆으로 다가와 채널을 뉴스채널로 고정시키신 후 곧바로 "뭐라 그러는 거냐?"라고 질문하셨습니다. 지금 생각해 보면, 초등학생이 뉴스를 봤자 얼마나 알아들을 수 있을까 하는 생각이 들어 미소를 짓지 않을 수가 없습니다.

그 때문에 저는 부친과 함께 TV를 보는 것을 꺼려했습니다. 심지어는 "뭐라 그러는 거냐?"라고 하는 아버지의 말에 노이로제에 걸려서 어쩔 줄 몰랐던 적이 한두 번이 아니었습니다. 지나고 보니, 이 질문이 나중에 내가 대학을 진학할 때에 번역학과를 선택하는 데 도움이 되었고, 또한 주의 종이 된 지금에 이르러서도 통역강사로 쓰임 받게 된 계기를 마련했습니다.

대학생이 되어 내가 주의 종의 부름을 받았다고 말씀을 드리자 부친께서는 한국에 있는 한세대학교에 가라고 하셨습니다. 한국에 도착하자마자 저는 설레는 마음으로 여의도순복음교회를 찾아 갔습니다. 부끄러운 고백이지만 당시 무좀으로 고생하고 있었는데 조용기 목사님께서 "무좀도 낫게 하여 주옵소서"라고 하는 기도에 '나았다' 라는 생각이 들자 정말로 무좀이 낫는 놀라운 기적을 체험하기도 했습니다.

신학교 시절 저는 항상 통역설교에 대한 꿈을 키웠습니다. 그래서인지 영어를 조금 한다고 하는 동기와 함께 기숙사 방에서 설교 아닌 설교를 통역했던 일이 한두 번이 아니었습니다. 지금 생각해 보면, 순진하기 짝이 없는 세월이었습니다.

그러던 어느 날이었습니다. 여의도순복음교회 지성전에서 교육전도사로 봉사하고 있던 저에게 본성전에서 통역의뢰가 들어온 것이었습니다. 두렵고 떨리는 마음에 잠도 제대로 자지 못했습니다. 당시 저는 고경환 담임 목사님께 "왜 저한테 이런 일을?"이라고 묻자 목사님께서는 그저 "나는 많이 해 봤어"라고 말씀하시면서 저를 격려해 주셨습니다.

당시 과테말라에서 1만 명 이상의 목회를 하셨던 분이 강사로 초빙되었는데, 조 목사님께서도 친히 강단에 올라가셨습니다. 너무나도 떨린 나머지 저는 강사의 인사말도 잊은 채 들릴 듯 말 듯한 아주 작은 목소리로 "여러분, 안녕하십시오."라고 말했습니다.

그런데 갑자기 어린 시절에 환상 가운데 봤던 광경이 제 눈앞에 펼쳐졌습니다. 마치 요셉이 애굽의 총리로서 형들의 절을 받을 때 그가 한때 받은 꿈을 기억했듯이 말입니다. 순간 저는 깜짝 놀라 기절하는 줄 알았습니다.

다른 사람들이 보기에는 대단한 일이 아닌 것처럼 느껴질 수도 있습니다. 그러나 확실한 것은 이와 같이 통역사역은 비전으로 시작되었다는 것입니다. 그래서인지 저는 통역사역에 대한 남다른 견해를 가지고 남들이 알지 못하는 자긍심을 가지고 이 사역을 감당하고 있는지도 모릅니다. 모든 사역이 마찬가지이지만, 통역사역도 하나님께서 불어넣어 주신 꿈과 소원으로 시작되어야 합니다. 당신에게 이런 꿈과 소원이 있다면, 이는 하나님께서 당신을 통역설교자로 부르셨다는 증거입니다.

번역서를 보고 경악하다

저는 아르헨티나에서 이민 생활을 할 당시에도 언어에 관심이 많았습니다. 그래서 대학에 진학할 때에도 영어공인 번역학과(Public Translation)를 선택했습니다. 이 학과는 영어를 보다 많이 공부할 수 있다는 점에서는 좋았지만, 법학을 공부해야 한다는 부담감이 크나큰 스트레스로 다가왔습니다.

한국으로 건너와 신학을 공부할 때에도 저는 한국어로 레포트를 쓰는 것조차 힘들어했습니다. 그래서 주말이면 대형 서점에 가서 문법과 관련된 책들을 수없이 사들고 왔습니다. 그 가운데 하나가 일반인들에게는 생소한 '띄어쓰기 사전'이었습니다.

신학교 동기들은 이런 저의 관심사를 이상하게 여겼습니다. 어떤 이들은 "야, 우리도 못하는 것을 너는 관심을 갖고 공부하는구나!" 하며 격려를 해 주기도 했습니다. 나중에는 일간지를 읽으면서 잘못된 띄어쓰기를 찾아내는 다소 희한한 취미까지 생겼습니다.

평소 때처럼 주말이면 서대문으로 발걸음을 옮기는 것이 저의 취미였습니다. 책을 골라보는 재미에 푹 빠져 있었기 때문입니다. 어느 날 기독교 서점의 어느 한 코너에 이른 저는 너무나도 반가운 책을 접했습니다. 다름 아닌 제가 어린 시절을 보낸 아르헨티나의 어느 한 목사님께서 펴낸 책이었습니다. 저자명은 저의 시선을 끌기에 충분했고, 책을 구입하고 돌아오는 길에 그 책을 관심 있게 읽기 시작했습니다.

그러나 번역서를 읽으면 읽을수록 경악하지 않을 수 없었습니다. 스페인어가 아닌 영어에서 우리말로 이중으로 옮긴 탓인지 번역이 아니라 오역이 되어 있었던 것입니다. 가장 눈에 들어왔던 것은 지명에 대한 잘못된 표기였습니다. 지금 생각해 보면 그렇게 심각한 오류는 아니었지만, 그 당시 번역이라고 하는 학문을 전공한 저에게는 왜 그토록 거슬렸는지 모릅니다. 그 책을 손에 쥐자마자 저는 속으로 생각했습니다.

'이 정도면 나도 할 수 있다.'

물론 저는 계속해서 꿈만 꾸었지 어느 책을 번역해야 하는지, 어느 통로로 출판해야 하는지, 그리고 저작권 문제는 어떻게 해결해야 하는지는 전혀 모르고 있었습니다. 그저 꿈꾸는 순수한 마음을 가지고 있었을 뿐입니다.

그러나 감사하게도 하나님께서 문을 열어 주셔서 정확하게 1년 후에 처음으로 번역을 하여 책이라고 하는 것을 세상에 내놓게 되었습니다. '어차피 신학을 하게 될 텐데, 번역학과에는 왜 들어갔나'라고 하는 그동안의 생각이 산산조각이 났습니다. 하나님께서는 과연 모든 것을 합력하여 선을 이루시는 분임을 다시금 깨닫는 소중한 시간이었습니다.

은혜를 받으러 집회에 참석했다가
통역강사가 되다

지난 2001년에 있었던 일입니다. 당시 저는 신학대학원에 들어가 한참 학구열을 태우고 있던 시절이었습니다. 당시 동기들로부터 아르헨티나에서 귀하게 쓰임 받고 있는 아나콘디아 (Annacondia) 목사님께서 집회를 인도하러 한국에 오신다는 소식을 접했습니다.

저는 별다른 관심을 보이지 않았습니다. 그러나 부친은 "은혜를 받기 위해서라면 그런 곳은 일부러 찾아가야 한다."라고 권면하셨습니다. 그래서 저는 단지 은혜를 받기 위해 주최측에 연락을 취하여 좌석을 배정받았습니다.

집회가 시작되는 당일 날, 저는 그 누구보다 일찍 집회 장소에 도착했습니다. 그런데 갑자기 부친과 교제를 나누고 계시던 목사님들께서 내 옆에 다가오시더니 "여기서 뭐하세요?"라고 물으시기에 저는 있는 그대로 "은혜를 받으러 왔습니다."라고 답했습니다.

그러자 목사님들 중의 한 분이 "혹시 김동조 전도사가 필요할지 모르니까 우리와 같이 다니세요."라고 말씀하셨습니다. 저는 처음에 그 뜻이 무엇인지 알지도 못했습니다.

시간이 되자마자 아나콘디아 목사님께서 5천 명 앞에 서서 큰 소리로 "할렐루야! 할렐루야! 할렐루야! 할렐루야! 할렐루야!"를 외치시자 통역하시는 목사님 역시 "할렐루야"를 따라 외치시는 것이 인상적이었습니다.

그러나 워낙 컬컬한 목소리에 큰 톤으로 말씀하시는 강사라서 그런지 어느 한 순간에 이르러서는 통역하시던 목사님께서 저를 부르셨습니다. 이렇게 하여 저는 처음으로 통역설교의 꿈을 이루었습니다. 쉽게 말해, 은혜를 받으러 집회에 참석했다가 통역강사가 된 셈입니다.

나중에 알게 된 사실이지만, 한국에는 스페인어를 잘하는 사람들도 많이 있고, 그 가운데 사역자들도 간혹 있으며, 또한 통역의 은사를 강하게 받으신 분들도 있었습니다. 그런 의미에서 하나님께서 왜 저에게 그토록 귀중한 사명을 맡기셨는지는 아직도 이해가 잘 되지 않는 대목입니다. 그저 하나님께서 성령으로 주시는 환상은 때가 되면 반드시 이루어진다고 하는 확신만 있을 뿐입니다.

순간적으로 저는 신학교 동기와 주고받은 말이 생각났습니다. 집회가 있기 약 2년 전에 저는 "아나콘디아 목사님께서 한국에 와서 집회를 하고 내가 통역을 했으면 좋겠다."라고 말했습니다. 그 동기는 강한 어조로 "그런 세계적인 주의 종들은 철저히 성령으로 움직이시는 분들이기 때문에 네가 있는 곳으로 올 거야. 그리고 네가 그분의 설교를 통역하는 것이 하나님의 뜻이라면, 통역강사에게 어떤 일이 있게 하셔서라도 네가 반드시 강단에 서게 될 거야."라고 말했습니다.

통역사역뿐만 아니라, 저의 인생과 사역 전부를 통틀어서 어떻게 지금의 자리에 이르렀는지 이해할 수 없습니다. 그저 모든 것이 하나님의 은혜입니다.

가교역할

고등학교에 다니던 시절에 있었던 일입니다. 어느 날 밤이었습니다. 저는 여느 때처럼 영어학원을 가고 있었는데, 갑자기 하늘 문이 열리더니 환상이 보이기 시작했습니다. 저 멀리 십자가를 손에 높이 든 흰 세마포를 입은 어느 한 사람이 나타나더니 굉장히 빠른 속도로 달려가는 광경이 보였습니다. 그리고 얼마 안 있어 그 뒤에 똑같이 흰 세마포를 입은 사람들이 장사진을 이루어 영광스러운 찬양을 부르며 그 앞서간 하나님의 사자를 따라가는 것이 보였습니다.

주님께서는 저에게 "이것이 주 예수 그리스도께서 강림하시기 전에 온 세계에 임할 부흥에 귀하게 쓰임 받을 종들이다."라고 말씀하셨습니다. 그리고 "십자가를 지고 가는 저 사자는 지금 천국으로 가고 있는 중이란다."라고 알려 주셨습니다. 순간적으로 얼마나 부러웠는지 모릅니다. 너무나도 영광스러운 광경에 놀란 나머지 저는 '저 사람들은 정말 좋겠구나!' 하며 속으로 중얼거렸습니다.

그리고 갑자기 그 세마포를 입고 열심히 달음질하는 사람들의 행렬에 다른 사람들이 가세하는 장면이 포착되었습니다. 온 천하 사방에서 흰 세마포를 입은 사람들이 그 행렬에 가세하는 것이었습니다. 곧바로 내 영이 내 몸속에서 나와 하늘로 올라가 그 행렬 마지막에 합세하여 열심히 달음질하는 것을 보았습니다.

영광스러운 광경이었지만 저는 처음에 이 환상이 무엇을 의미하는지 알지 못했습니다.

나중에 한국에서 유학 생활을 하면서 전 세계적으로 큰 부흥이 일어나고 있다는 소식을 접하게 되었습니다. 아르헨티나의 부흥은 그중의 하나였습니다. 이렇게 하여 국내에서의 스페인어 인지도는 상당할 정도로 높아졌고, 이로서 저는 한국교회와 남미교회의 가교 역할을 감당하는 사역을 하기 시작했습니다.

특히 남미와 아프리카를 중심으로 일어나는 제3세계의 부흥은 국내에 소개될 때 미국을 거쳐 전해지고 있습니다. 그 때문에 소식이 더디는 것은 물론이고 때로는 불필요한 오해가 있기도 합니다.

사실 전문 통역의 세계에서도 통역은 가교(bridge)라고 말합니다. 단지 말을 문자적으로 옮기는 것이 아니라, 두 문화 사이에 있는 공백을 의미전달로써 연결시켜 주는 고리가 되는 셈입니다. 좀 더 전문적인 용어를 빌려 말하자면, 통역은 두 문화 사이에 가교 역할을 하는 사람으로서 단지 문자적 의미만 전달하는 것이 아니라, 함축적 의미(connotation)까지 표현해 낼 수 있어야 합니다. 그러므로 통역하기를 원하는 사람은 외교적인 마인드를 타고나야 합니다.

| 제3장 통역의 종류 |

동시통역
순차통역
위스퍼링통역
릴레이통역

동시통역

　동시통역(simultaneous interpretation)은 말 그대로 설교자의 메시지를 들음과 동시에 통역하는 행위를 말합니다. 흔히들 동시통역이라고 하면 순차통역과 혼동하는 이들이 대다수입니다. 그 이유는 아무래도 동시통역에 대한 인지도가 사회 내에서 훨씬 높기 때문입니다. 사실상 대학 학부 과정에서 번역학과를 공부하고 동시통역은 대학원 과정에서 공부하게 되어 있습니다. 그만큼 동시통역은 통역의 면류관이라고 할 수 있습니다. 동시통역은 짧은 시간 내에 엄청난 정보량을 처리하기 때문에 아마추어나 경험이 다소 부족한 이들이 하기에는 굉장히 벅찬 스피드가 요구되는 작업입니다.

　사회에서 동시통역은 국제회의 때 많이 사용됩니다. 연설자가 A언어로 말을 한다고 할 경우, 각 부스 안에서 통역사들은 각각 B, C, D, E, F 언어로 동시에 통역을 하게 됩니다.

국제적인 규모의 대형집회에 참석을 해 보면, 통역장비는 물론 각 부스에서 각 나라 언어로 동시통역하는 모습을 쉽게 볼 수 있습니다. 다시 말해, 우리가 일반적으로 알고 있듯이, 통역사가 설교자 옆에 서서 강단에서 함께 말씀을 증거하는 행위는 엄밀한 의미에서 동시통역이 아닙니다.

더욱이 동시통역은 반드시 부스(booth) 안에서 이루어진다는 것이 두드러진 특징입니다. 또한 듣는 이들은 헤드셋을 착용하여 일정한 채널에 고정시켜야 해당 언어로 들을 수 있습니다.

오늘날 세계적으로 잘 알려진 교회에 가 보면, 외국인들을 위해 설교가 통역되는 것을 볼 수 있습니다. 한국교회의 아이콘이 되는 여의도순복음교회는 주일설교가 영어, 일어, 불어, 스페인어, 러시아어를 포함한 7개의 언어로 통역되고 있습니다.

동시통역설교는 순차통역설교와는 달리 설교자에게 되물을 수 있는 시간적 및 공간적 여유가 없기 때문에 스피드가 관건입니다. 보통 경험을 가지고 있지 않고서는 동시통역의 수많은 정보를 그때그때 처리한다고 하는 것은 거의 불가능합니다. 그러므로 동시통역에 대한 부분은 나중에 좀 더 자세하게 다루기로 하겠습니다.

순차통역

    순차통역(consecutive interpretation)은 우리가 흔히 강단에서 볼 수 있는 통역으로 설교자가 먼저 말을 하고 통역사가 옆에서 마치 자신이 설교하듯이 메시지를 도착어로 전달하는 행위입니다.

    일반 사회에서는 순차통역이 보통 3-4분 정도 연사가 발언하고 난 다음 통역사가 옆에서 듣고 메모한 것을 도착어로 말하는 것을 가리킵니다. 때로는 10분 가량 말하는 연사들도 있으므로 통역사는 최대한 집중하여 핵심 단어나 숫자, 그리고 연사가 강조하고자 하는 것은 놓치지 않도록 해야 합니다.

    그러므로 우리가 흔히 교회에서 볼 수 있는 통역은 일종의 순차통역이라고 할 수 있습니다. 단지 전문적인 의미에서 순차통역보다는 좀 더 생생하고, 3-4분이 아니라 문장마다 바로 통역이 들어간다는 점에서 차이가 있다고 할 수 있습니다.

그렇다고 순차통역이 동시통역보다 시간이 2배로 늘어난다는 점에서 부담이 없는 것은 아닙니다. 동시통역은 부스 안에 있으므로 나를 지켜보는 청중이 없지만, 순차통역은 설교자와 함께 강단에 서야 함으로 오히려 더 큰 부담을 느낄 수 있는 고도의 집중력을 요하는 작업입니다.

더욱이 설교자와 같은 톤의 어조와 목소리를 유지해야 함은 물론 설교자의 동작을 따라 해야 하며 청중과 호흡을 맞추어야 한다는 의미에서 통역사는 또 다른 설교자라고 할 수 있습니다. 엄밀한 의미에서 청중은 통역강사의 말에 귀를 기울이지 강사의 말에 신경을 곤두세우고 듣지 않습니다. 따라서 순차통역 역시 생동감이 넘치는 작업으로 철저한 준비가 요구되는 사역입니다.

위스퍼링 통역

위스퍼링통역(whispering interpretation)은 말 그대로 속삭이듯 뒤에서 말하는 것을 가리킵니다. 이런 의미에서 본다면, 동시통역과 다를 바가 하나도 없습니다. 그러나 때로는 물리적인 공간상의 이유로 통역장비가 없거나 혹은 통역을 필요로 하는 사람들이 2명 정도로 제한되어 있을 때 사용되는 통역방식입니다.

이때 통역사는 2명 사이에 앉아 통역을 하게 됩니다. 일반적으로 실내 집회장은 굉장히 소음이 많기 때문에 3명 이상만 되어도 사실상 위스퍼링통역은 불가능하며, 설령 하게 되더라도 통역사가 목소리 톤을 상당히 높여야 되기 때문에 목에 무리를 주게 됩니다.

이런 의미에서 위스퍼링통역은 동시통역, 그리고 순차통역과는 달리 일시적으로 사용될 수 있는 통역방식입니다.

언젠가 한국의 목사님들을 모시고 남미의 초대형 교회를 방문한 적이 있었습니다. 한국에서 오신 분들의 수가 상당할 정도로 제한되어 있었기 때문에 방송실을 이용할 수 없었습니다. 결국 임시로 위스퍼링통역을 할 수밖에 없는 상황이었는데, 주변에 워낙 소음이 많아서 기대했던 수준의 통역을 하지 못해 난처했던 적이 있습니다.

다시 말해, 설교자의 말이 잘 들리지도 않고, 옆 좌석에 앉아 있는 사람들이 수군거리며, 동시통역의 스피드를 요하는 통역방식이기 때문에 할 수만 있다면 위스퍼링통역은 피하거나 최대한 짧게 하는 것이 좋습니다.

만일 위스퍼링통역을 꼭 해야 하는 경우에는 비듈(bidule)을 사용할 것을 권장합니다. 쉽게 말해, 비듈은 휴대용 통역 장비입니다.

통역사가 휴대용 마이크로 말을 하면, 참석자들은 통역 채널에 맞추고 헤드셋을 통해 통역을 바로 들을 수 있는 최첨단 장비입니다. 물론 주변의 소음을 제거할 수는 없지만, 그래도 목소리 톤을 높여서 목에 무리를 주는 일은 최대한 줄일 수 있다는 것이 큰 장점입니다.

릴레이통역

　릴레이통역(relay interpretation)은 말 그대로 릴레이를 받아서 하는 통역입니다. 예를 들어, 국내에서 개최되는 국제집회에 브라질 출신의 목회자가 강사로 나선다고 가정해 봅시다. 이때 강사는 포르투갈어로 말하지만, 한국에서는 포르투갈어를 직접 알아들을 수 있는 사람들이 극히 드뭅니다. 또한 한국어로 순차통역을 강단에서 하게 되면, 한국 성도들은 편안하게 들을 수 있겠지만, 해외에서 온 사람들은 포르투갈어도 한국어도 알아듣지 못하기 때문에 상당한 이질감을 느끼게 될 것입니다.

　바로 이런 문제를 해결하기 위해 릴레이통역이 생기게 된 것입니다. 가장 좋은 방법은 강사가 포르투갈어로 말할 경우, 바로 옆에서 영어로 순차통역을 하고, 각 부스 안에서는 영어에서 해당 언어로 동시통역할 수 있는 사람들을 배치하는 것입니다.

혹은 한국에서 개최되는 세계적인 집회라고 하는 점을 감안한다면 설교자가 포르투갈어로 말하면 바로 옆에서 한국어 순차 통역사를 세우고, 각 부스 안에서는 한국어에서 각 해당 언어로 통역하는 방식을 채택하는 것도 무방합니다. 이는 어떤 통역사들을 채용하느냐에 따라 달라질 수 있습니다.

어떤 경우이든지 간에 릴레이 통역은 한 번 통역된 것을 다시 한 번 통역하는 일종의 이중통역이라고 할 수 있습니다.

이런 의미에서 본다면, 그만큼 권장할 통역방식은 아니라고 할 수도 있을 것입니다. 통역계에서는 1차 통역의 정확도가 97%라고 하면, 2차 통역에서는 94% 이하로 보고 있습니다.

언젠가 중미에서 개최되는 세계적인 집회에 통역강사로 초빙을 받은 적이 있었습니다. 그때 강사 목사님께서는 한국어로 설교를 하시고, 제가 옆에서 스페인어로 통역을 하고, 또 다른 통역사가 해외의 각 나라에서 온 성도들을 위해 다시 영어로 통역되는 일이 있었습니다.

이런 경우에는 설교자나 통역사들 편에서 철저한 준비가 요구됩니다. 설교자가 45분이라고 하는 시간을 배정받았다면 사실상 15분에 해당되는 분량밖에 전달하지 못하게 됩니다.

그러므로 특별한 경우가 아니라면, 릴레이 통역시 통역장비를 마련하여 각 부스에서 동시통역이 이루어질 수 있도록 배려하는 것이 최상의 방법이라고 할 수 있습니다.

이렇듯 동시통역, 순차통역, 위스퍼링통역, 릴레이통역은 일반통역계에서도 가장 흔히 사용되는 통역방식입니다. 물론 이 외에도 좀 더 전문적인 통역방식이 있는 것은 사실이지만, 통역설교는 그 가운데 유일한 위치를 점하고 있다고 말할 수 있습니다.

| 제4장 **설교통역인가,
아니면 통역설교인가?** |

일반통역사가 설교를 통역하지 못하는 이유
설교자는 예수님, 통역사는 세례요한
통역설교

일반통역사가 설교를 통역하지 못하는 이유

집회 홍보 광고를 보면, '통역강사'라는 표현을 가장 많이 사용하는 것을 볼 수 있습니다. 하지만 '설교통역'과 '통역설교'를 구분하는 사람들은 많지 않은 것 같습니다.

사실상 문자적으로 분석을 해 보면, 설교를 통역한다는 의미에서 설교통역이라고 하는 것이 옳습니다. 그러나 통역의 종류에서도 보았듯이, 설교를 통역한다고 하는 것은 그 어떤 통역방식에 제한시킬 수 없을 정도로 유일무이한 사역입니다. 그런 의미에서 본다면, 통역강사 역시 설교를 전달하는 자로서 설교통역이 아니라 '통역설교'를 한다는 것이 옳은 표현입니다.

이렇듯 통역설교는 통역을 잘한다고 해서 할 수 있는 일이 아닙니다. 엄밀한 의미에서, 일반통역사는 특별한 훈련을 받지 않는 이상 설교를 통역하기에는 역부족입니다. 통역설교자는 말 그대로 또 다른 설교자이기 때문입니다.

언젠가 전문번역사에게 신학대학원의 성적증명서를 공증 및 번역을 해 달라는 의뢰를 한 적이 있습니다. 공인번역사(public translator)는 프리렌서 번역사와는 달리 번역학계에 소속되어 자신이 번역한 문서를 법적으로 공증할 수 있는 자격을 가진 전문인입니다.

그러나 그분에게서 곧바로 연락이 왔습니다. 내용인즉, 대학원에서 수강한 과목의 제목을 어떻게 번역해야 될지 전혀 모르겠다고 하는 것이었습니다. 그분의 실력은 의심할 여지가 없었지만, 신학에 대한 '전문성'이 없었으므로 상식만을 가지고서는 번역이 불가능한 것이었습니다. 때로는 사전이 무용지물일 때도 있습니다.

그러므로 통역설교는 하나의 전문직으로서 신학을 공부한 목회자가 아니면 소화해 낼 수 없다고 해도 과언이 아닐 것입니다. 어떤 교회에 가 보면 평신도들이 통역하는 것을 볼 수 있는데, 전문적인 관점에서 볼 때 이는 극찬의 대상이 아닐 수 없습니다. 통역설교는 그만큼 영성과 실력을 겸비해야 하는 사역이기 때문입니다. 결국에는 매주 강단에 서는 설교자가 통역설교도 수월하게 할 수 있다고 하는 이치입니다.

그러므로 통역설교를 하기 위해서는 다음과 같은 세 가지 사항을 염두에 두어야 합니다.

첫째, 성경을 알아야 합니다. 일반통역사가 설교를 통역하지 못하는 가장 주된 이유는 성경을 모르기 때문입니다. 성경을 알더라도 목회자처럼 성경을 매일같이 읽고 묵상하고 연구하고 선포하지 않는다면, 통역설교를 하는 데에는 적합하지 않습니다. 그러므로 성경을 많이 알아야 합니다. 어차피 강사의 설교 내용은 간증을 제외하고는 모든 것이 성경 내용입니다.

둘째, 영성이 있어야 합니다. 아무리 성경적인 지식이 있다 하더라도 굳이 목회자가 통역설교를 해야 하는 이유는 영성에 있습니다. 특별히 집회를 앞둔 통역강사는 강사 못지않게 기도에 목숨을 걸어야 합니다. 복음을 효과적으로 증거하기 위해서는 통역강사에게도 영성이 절대적으로 필요합니다.

셋째, 강단 매너가 있어야 합니다. 강단 매너는 매일같이 강단에 서는 사람만이 알 수 있는 일종의 에티켓입니다. 저는 과거에 긴장을 조금이라도 덜기 위해서 마이크를 왼손에서 오른손으로, 오른손에서 왼손으로 자주 옮기는 좋지 않은 버릇을 가지고 있었습니다. 심지어는 청중에게 여유가 있다는 것을 과시하기 위해 마이크를 살짝 던지는 시늉도 했습니다. 그러나 이것은 모두 강단 매너가 몸에 배어 있지 않았기 때문입니다.

그러므로 통역설교 역시 전문직이기 때문에 가능한 한 목회자가 할 것을 적극적으로 권장합니다.

설교자는 예수님, 통역사는 세례요한

통역강사는 설교자와 청중 사이에 가교 역할을 하는 사람이기 때문에 필요 이상으로 노출되는 것은 삼가야 합니다.

일반통역계에서도 프로와 아마추어들을 가를 때 식사 시간을 기준으로 삼습니다. 즉, 프로는 분위기에 느슨해지는 연설 시간 외에도 엄정하게 화자의 말을 청자에게 전하지만, 아마추어들은 어떤 말을 전해야 할지 말아야 할지를 구분하지 못합니다.

이뿐만 아니라 아마추어 통역사들은 자신이 주빈인 양 말을 이끌어 갈 때도 있는데, 이것은 통역사의 본 임무에서 벗어나는 행위입니다.

그런 의미에서, 저는 설교자는 예수님 같이 되어야 하고 통역사는 세례요한과 같이 되어야 한다고 생각합니다. 세례요한은 "그는 흥하여야 하겠고 나는 쇠하여야 하리라 하니라."(요 3:30)

고 말한 바 있습니다. 통역사가 세례요한의 마음을 갖지 않을 경우, 설교자와의 마찰은 불가피합니다. 물론 청중은 통역사의 말을 경청하는 것은 사실이지만, 통역사는 언제까지나 가교 역할을 하는 사람이지 주강사가 아닙니다. 그러므로 자신의 의견을 첨가해서도 자신을 내세워서도 안 됩니다.

노련한 통역사들은 '있는 듯 없는 듯' 설교를 통역하는 모습을 보게 됩니다. 시선을 자신에게 고정시키지 않고 설교자에게로 고정시키게 만듭니다.

통역사역은 지극히 성경적입니다. 철저히 자신에 대해 죽고 오직 설교자의 말씀을 증거하는 것, 이것이 통역의 섬김입니다. 알고 보면, 설교자도 마찬가지입니다. 설교란, 하나님의 말씀을 받아서 전달하는 것이지 창조하는 것이 아닙니다. 통역은 더욱이 옆에 서 있는 설교자의 말을 그대로 전달해야 하기 때문에 겸손이 바탕이 되지 않고서는 결단코 감당할 수 없는 사역입니다.

통역설교

통역사는 또 다른 설교자입니다. 그러나 주강사와 하나가 되어야 한다는 의미에서 세례요한과 같이 설교자의 길을 예비하는 사람이 되어야 합니다.

통역사는 설교자와 똑같은 모습을 갖추어야 합니다. 목소리와 표현양식, 제스처와 복장까지 최대한 맞추어야 커뮤니케이션의 극대화를 기대할 수 있습니다.

이런 의미에서, 통역사는 통역에 대한 의뢰가 들어오기 전에 강사에 대한 철저한 사전 연구를 해야 합니다. 심지어 눈 동작과 손의 움직임까지 포착하여 최대한 자연스럽게 연출할 수 있어야 합니다.

통역사는 청중과 눈을 마주쳐야 하고, 너무 긴장하거나 그렇다고 해서 친숙한 인상을 줘서도 안 됩니다. 그저 청중이 은혜를 받는 데 지장이 없을 정도로 자연스럽게 중도 입장을 취하는 것이 좋습니다.

조용기 목사님은 지난 50년 동안 사역하시면서 59개국에 290회에 따른 대규모 집회를 인도하셨다고 합니다. 조 목사님과 같은 영적 거장도 통역강사를 섭외할 때에는 굉장히 세심하고 꼼꼼하게 검증된 통역사를 쓰고, 가능한 한 같은 통역사를 계속해서 사용하는 것을 볼 수 있습니다.

그 이유는 통역설교가 그만큼 중요하기 때문입니다. 통역설교로 인해 설교자의 메시지가 은혜롭게 전달되기도 하는가 하면, 집회에 큰 훼방을 놓는 경우도 있습니다. 설교자가 아무리 은혜로운 말을 해도 통역사가 은혜롭게 전달하지 못하면 아무런 소용이 없습니다.

그러므로 통역은 실력뿐만 아니라, 인격과 영성을 겸비한 사람을 선택하는 것이 좋습니다. 할 수만 있다면 영어권 나라를 방문할 때는 영어 전담 통역사를, 스페인어권 나라를 방문할 때는 스페인어 전담 통역사를 두고 오랜 세월 동안 통역사와 깊은 교제를 통해 동료애를 발휘할 것을 권합니다. 통역 역시 기계가 아닌 사람에게서 나온다고 하는 사실을 꼭 기억하십시오. 통역설교자는 설교자의 메시지가 전달되는 입술입니다.

| 제5장 **통역설교자의 기본 매너** |

분위기에 자신을 맞추라
두 문화 사이에 가교 역할
사람들은 나를 듣는다
통역사는 코디네이터가 아니다
전문통역사에게서 직업윤리를 배우라

분위기에 자신을 맞추라

　통역강사도 설교자이기 때문에 강단 매너는 물론이거니와 강단 아래에서도 기본 매너를 갖추어야 합니다. 그런 의미에서 저는 세 가지 기본적인 사항을 말씀드리고자 합니다.

　첫째, 복장입니다. 통역설교자의 복장은 강단 아래에서도 주의 종 신분을 나타내야 합니다. 어떤 통역사들을 보면, 강단에서 사역할 때에는 깔끔한 정장을 입지만 강단에서 내려오기만 하면 캐주얼하게 입는 경우를 종종 보게 됩니다. 자연스럽다는 의미에서 긍정적이지만 통역강사는 강단 아래에서 교제를 나누는 시간에도 통역의 일을 맡는 것이 일반적입니다. 그러므로 집회 시 항상 강사를 따라다녀야 할 통역사 역시 정장을 할 것을 권장합니다.

　특별히 외국에 가면 의외로 복장에 신경을 많이 쓰는 경우가 있습니다. 그러므로 굳이 캐주얼하게 입을 경우에는 사전에 주강사나 주최측과 합의를 보는 것이 바람직합니다.

둘째, 시간입니다. 통역강사 역시 초빙을 받기 때문에 강사 못지않게 시간 관리에 철저해야 합니다. 때로는 호텔 로비에서 주강사가 내려왔는데도 통역강사가 나타나지 않아 주최측 관계자들과 아무런 대화 없이 어색하게 앉아 있는 것을 볼 수 있습니다. 특별히, 통역강사는 두 문화권 사이를 이어 주는 가교 역할을 하는 사람이기 때문에 시간 관리에 목숨을 걸어야 합니다. 뜻하지 않게 통역사의 서투른 행위 하나에 국가 이미지가 타격을 받는 경우도 종종 보게 됩니다. 그러므로 통역강사는 외교적인 성향의 사람이 하는 것이 좋습니다.

일부 유럽 지역을 포함한 라틴 문화는 통역사가 뒤늦게 모습을 드러내는 것이 습관화되어 있기도 합니다. 그러나 국제화 시대에 시간은 곧 신용으로 이어지기 때문에 약속 시간 전에 나타나는 것이 바람직합니다.

셋째, 분위기입니다. 사실상 집회 기간 내에도 강단에서 사역하는 시간을 제외하고는 특별히 하나님과의 시간을 갖지 않는 한 교제를 나누는 것이 일상적인 일입니다.

대부분의 경우 통역강사는 수행통역사(escort interpreter)의 역할을 해야 하는 것이 현실입니다. 공식적인 모임을 제외하고는 강사와 사람들과의 관계 속에서 좀 더 자유롭게 통역을 할 수 있는 것이 사실입니다.

　이때 통역사는 지나치게 형식적인 통역은 하지 않아도 무방합니다. 때로는 간단한 대화 정도는 강사와 주최측이 영어로 직접 통하는 경우도 있습니다. 그 때문에 딱딱하게 순차통역을 하기보다는 그때그때 동시통역을 하고, 의미전달만 하는 것이 원칙이라고 할 수 있습니다. 즉, 분위기에 따라 문장 하나하나를 통역해야 하는 경우와 의미만 짧게 전달하거나 잠시 침묵을 지키는 경우가 있습니다.

두 문화 사이에 가교 역할

　말이라고 하는 것은 뉘앙스에 따라 의미가 굉장히 달라질 수 있는 특성을 가지고 있습니다. 우리나라 사람들은 흔히 이것을 가리켜 '아' 다르고 '어' 다르다고 말합니다. 그러므로 뉘앙스까지 표현할 정도의 실력이 된다면, 이는 굉장히 탁월한 통역사입니다.

　그러나 통역사는 그저 의미만 전달하는 것이 아니라, 때로는 두 문화 사이에 가교 역할을 하기도 합니다.

　유럽과 아프리카에서 사역하시는 분이 한국을 방문했을 때에 일입니다. 당시 이분은 서울에서 큰 집회를 마치고 난 다음 지방의 중소도시에서 집회를 하기로 일정이 잡혀 있었습니다. 그러나 한국을 처음으로 방문하셨던 탓인지 지방의 어느 기도원에 들어서자마자 불편한 심정을 토로하기 시작하셨습니다. 이유인즉, 기대했던 것만큼 성전이 크지도 않고 사람들도 많이 모이지 않았다는 것이었습니다.

상황이 이렇다 보니 주최측과 마찰이 있을 것은 뻔한 일이었습니다. 격한 감정 표현까지 통역을 하려니 말이 나오지 않았고, 심지어 강사 목사님께서는 저에게 이 부분을 통역하지 말라고 하시면서 통역사인 저에게 개인적인 감정을 표출하셨습니다.

만일 그 상황에서 모든 것을 있는 그대로 다 통역을 했더라면 상황은 더욱더 악화되었을 것입니다. 따라서 통역사는 세상의 일반통역사와는 달리 때로는 피스메이커가 되어야 할 때도 있습니다. 사실 알고 보면, 사소한 일로 인한 오해로부터 갈등이 시작되는 경우가 많습니다. 더욱이 인종과 문화가 다른 사람들 사이에서 가교 역할을 한다는 것은 통역 그 이상의 무엇인가가 요구됩니다.

그러므로 통역사는 격한 감정도 최대한 부드럽게 표현하는 방법을 터득해야 합니다. 중요한 것은 강단에서 말씀을 증거하는 것을 통역하는 것이지, 일일이 사소한 감정까지 전달하는 것이 아닙니다.

서울에서 살고 있던 두 청년이 외국인 교회를 방문한 적이 있습니다. 잘하지 못하는 영어이지만, 그래도 미국인들이 다니는 교회에서 나도 한 번 예배를 드렸다는 자긍심을 갖기 위함이었습니다. 그런데 이게 웬일입니까? 목사님께서 굉장히 재미있는 이야기를 하시자 두 청년은 모든 참석자들과 함께 배꼽을 잡고 웃었습니다.

돌아오는 길에 두 청년에게 물어보니 환하게 웃은 한 청년은 "이해를 하지는 못했지만 예의상 웃어 주었다."라고 말했고, 또 다른 청년은 "울지 못해서 웃었다."라고 말했습니다.

가교 역할을 해 주는 통역사가 없었기에 어쩔 줄 몰랐던 것입니다. 이처럼 통역사는 사람을 웃게도 하고 울게도 만들 수 있습니다. 통역을 얼마나 지혜롭게 하느냐에 따라서 분위기가 부드러워질 수도 있고 반대로 엄숙해질 수도 있습니다.

그러므로 통역강사는 말을 전달하는 것을 훨씬 뛰어 넘어서서 가교 역할을 감당해야 한다는 인식을 가져야 합니다.

사람들은 나를 듣는다

사역 초기에는 저 역시 통역의 중요성에 대한 인식이 별로 없었습니다. 그런데 어느 날 강사 목사님께서 옆에서 통역을 하고 있던 저를 가리키면서 "성도 여러분, 이분의 말씀을 잘 들으십시오. 오늘만큼은 이분이 나의 입술입니다."라고 말씀을 하셨습니다.

이 말은 저에게 굉장히 의미심장하게 다가왔습니다. 그때 비로소 사람들은 강사의 말이 아니라 통역사의 말을 듣는다는 것을 알게 되었습니다.

그러므로 통역을 할 때는 강단에서는 물론이고 회의 때에도 1인칭으로 말하는 것이 중요합니다. 전문성과 경험이 다소 부족한 통역사들은 "이분도 그렇다고 합니다."라고 말하는 경우가 허다합니다. 그러나 통역에 있어서 3인칭의 사용은 금물입니다. 3인칭으로 말하게 될 경우 불가피하게 메시지의 내용이 변질되기도 합니다.

그 이유는 간접성에 있습니다. 예를 들어 보면, 1인칭으로 "저도 커피로 하겠습니다."라고 말하는 것과 3인칭으로 "이분도 그냥 커피를 주문하시겠다고 하네요."라는 표현 사이에는 엄청난 차이가 있습니다. 간접적인 표현의 가장 큰 문제점은 뉘앙스를 제대로 표현하지 못함으로 자칫 잘못하면 오해를 불러 일으킬 수 있다는 점입니다. 앞서 말한 경우를 살펴보면 3인칭의 표현인 경우 '본래 다른 것을 주문하려고 했는데, 당신이 예의상 묻지도 않고 먼저 커피를 시켰으니 나도 그냥 동일한 것으로 하겠습니다.' 라는 메시지로 변질되어 전달될 수도 있기 때문입니다.

그러므로 통역사는 1인칭으로 마치 자신이 말하는 것처럼 정확한 의미를 전달해야 합니다.

또한 사람들은 통역사의 말을 듣기 때문에 지나친 휴지(pause)를 두는 것은 금물입니다. 예를 들어 외국인 강사 목사님께서 어떤 재미있는 말을 한 후 자신이 한 말에 대해서 웃었는데 통역이 바로 나오지 않아서 성도들이 아무런 반응도 하지 않았다고 한다면, 이러한 경우 설교자도 민망하지만 웃어 주어야 할 사명(?)을 가지고 있는 성도들은 더욱 민망할 수밖에 없습니다.

휴지의 사용은 강단 아래에서 더욱더 두드러지게 나타나기도 합니다. 설교 때에는 토시 하나 안 틀리고 그 의미를 전달하려고 노력을 기울이지만, 강단 아래에서는 똑같은 정성으로 통역을 하지 않는 경우가 있습니다.

때로는 '무엇 때문에 이런 불필요한 말을 하나?' 라는 생각에 통역사가 입을 다물어 버리기도 하는데, 이 모두가 옳지 못한 자세입니다.

통역사는 언제까지나 의미를 전달하는 사람이기 때문에 자신이 무슨 내용은 통역하고 무슨 내용은 생략할 수 있겠다고 선택할 수 있는 권한이 없습니다.

더욱이 강사 목사님과 주최측이 처음으로 만나 식사를 할 경우에는 더욱 더 그렇습니다. 강사 목사님께서는 말을 한 후 들을 때에는 식사를 하실 수 있지만, 통역강사는 튀는 탁구공을 쳐다보는 관중처럼 쉴 새 없이 듣고 말을 하느라 사실상 자신의 리듬에 맞춰서 제대로 식사하지 못할 때가 많이 있는 것이 현실입니다.

만일 그 상황 속에서 통역해야 할 말과 통역하지 않아도 될 말을 골라서 한다면 어떻게 되겠습니까?

이런 점을 감안해 보면, 프로 통역사들이 식사를 할 때에도 휴지를 두지 않기 위해서 가벼운 식사를 선택하는 이유가 바로 여기에 있습니다.

한 마디로 사람들은 설교자의 말이 아닌 통역사의 말을 듣습니다.

통역사는 코디네이터가 아니다

한국교회의 사정상 주최측이 통역강사를 초빙할 때 수행통역사(escort interpreter)의 역할까지 해 줄 것을 기대하고 초청하는 것이 일반화되어 있습니다. 그러나 통역강사도 사람이기 때문에 피곤하면 통역의 질을 보장받기 어렵습니다. 그 때문에 가장 바람직한 것은 강단의 통역설교를 맡을 통역강사와 일반회의 및 기타모임에 통역을 맡을 수행통역사를 초빙하는 것이 가장 바람직합니다.

그러나 현실적으로 이 부분에 대한 인식이 다소 부족하기 때문에 때로는 통역설교자가 수행통역사뿐만 아니라 코디네이터(coordinator)의 역할까지 해야 하는 경우가 비일비재합니다. 다시 말해, 주최측은 외국어를 하지 못한다는 이유로 통역강사에게 코디네이터의 역할까지 기대한다는 뜻입니다. 어쩔 수 없는 상황에서는 능력이 되면 코디네이터의 역할을 수행하는 것도 좋은 경험이 될 수 있습니다.

그러나 엄밀한 의미에서 통역사는 코디네이터가 아닙니다. 그러므로 가교 역할을 할지언정 중간 역할을 하는 것은 바람직하지 않습니다.

어떤 통역사들을 보면, 개인적인 의견을 첨가해서 말을 하기도 합니다. 언젠가 집회를 마치고 난 후 몸이 너무나도 피곤한 나머지 차량으로 봉사하시던 분에게 "강사 목사님께서 피곤하신 것 같으니까 일단 호텔로 가는 게 좋을 것 같습니다. 식사는 알아서 각자 처리해도 되고요."라고 말한 적이 있습니다. 이것은 철저히 자신을 낮추고 강사 목사님의 뜻을 전달해야 하는 통역사의 기본 매너에서 어긋난 행위입니다. 왜냐하면, 강사 목사님께서는 자신이 육체적으로 고단하기 때문에 호텔로 가자는 의사를 조금도 비추지 않았기 때문입니다. 물론 목사님께서는 "우리 지금 어디로 가고 있지요?"라고 질문하시고는 자신과 교제를 나누고 싶어하는 분들이 있다면 기꺼이 시간을 내어 드리기를 원한다고 말씀하시면서 발걸음을 옮기셨습니다.

개인적인 의견을 첨가하는 것 자체가 나쁜 것은 아니지만, 그 일은 전적으로 코디네이터가 해야 할 일이지 통역사가 나서서 조율해야 할 일은 아니라고 봅니다.

뜻하지 않게 통역사의 개인적인 의견을 첨가해서 사소한 오해를 불러일으키는 경우가 있으므로 통역사는 통역만 투명하게 하는 것이 좋습니다.

전문통역사에게서 직업윤리를 배우라

대개의 경우, 통역강사들도 목회자이기 때문에 목회자로서의 윤리는 물론이고 전문통역사의 직업윤리도 익힐 필요가 있습니다. 물론 여러 가지가 직업윤리가 있겠지만, 여기서는 두 가지만 소개하기로 합니다.

첫째, 통역한 내용은 개인 이익을 위해 사용될 수 없습니다. 통역사역을 하다 보면, 전 세계를 다니면서 크게 쓰임 받는 주의 종들을 만나서 가까이 대하는 경우가 많이 있습니다. 전문통역사들이 어느 한 나라의 대통령의 통역을 맡는다는 것은 큰 영광이 아닐 수 없듯이, 주의 종들에게 있어서 크게 쓰임 받는 영적 거장들을 만남으로써 그들로부터 영감과 도전을 받는다는 것은 큰 영광이 아닐 수 없습니다.

그러나 뜻하지 않게 개인 이익을 위해 강사와의 친분을 이용하는 사람들이 더러 있습니다. "내가 그분하고 좀 친하게 지내요." "지난 번에 함께 식사할 때 그런 속내를 좀 털어놓으시더라고" 등의 표현들은 사실상 덕이 되지 않는 말에 불과합니다.

전문통역사들은 이 부분에 대해서 철저합니다. 그들은 회의 장소를 떠나고 나면 자신이 들은 이야기는 아무리 친한 사람이라고 할지라도 결코 다른 사람들에게 말하지 않습니다. 저는 우리 통역사역자들에게서 이런 윤리가 필요하다고 봅니다.

둘째, 통역한 내용을 비밀로 하는 것입니다. 유명한 강사 목사님을 며칠 동안 모시게 되면 원하든 원치 않든 모르던 것을 알게 됩니다. 사람들은 강단에서의 강사 목사님의 말씀만 접하지만, 항상 같이 따라다니는 통역사들은 심지어 강사 목사님의 감정 상태까지 파악할 정도로 친숙하게 되기 마련입니다.

그러므로 비공개적으로 알게 된 사실을 아무런 생각 없이 사람들에게 말하면 굉장히 곤란합니다. 굳이 말해야 되는 상황이라면 짧게 긍정적인 말만 표면적으로 말하는 것이 좋습니다.

| 제6장 **통역설교자의 강단 매너** |

통역도 설교다
스피드 조절이 관건이다
성경적인 표현을 사용하라
돌발 상황, 어떻게 극복해야 하나?
능숙하지 못한 설교자와 능숙한 통역사
실수는 누구나 한다

통역도 설교다

　엄밀한 의미에서 본다면, 통역강사도 설교자입니다. 통역강사가 목회자이어야 한다는 것은 바로 이런 이유 때문입니다. 그 때문에 통역강사는 설교자 못지않게 강단 매너에 세심한 주의를 기울여야 합니다. 이를 위해 나는 다섯 가지 사항을 말씀드리겠습니다.
　첫째, 복장입니다. 일반통역과는 달리 통역설교는 대개의 경우 부스 내부가 아닌 강단에서 행해집니다. 요즘에는 대형 스크린으로 설교자와 통역사가 동시에 비춰지기 때문에 통역강사 역시 목소리 톤은 물론 얼굴 표정, 제스처와 같은 연출이 매우 중요합니다. 복장은 두말할 것도 없이 통역강사는 강단 위에서나 강단 아래에서나 정장을 입는 것이 바람직합니다.
　일반통역계에서도 순차통역을 맡는 통역사들은 너무 튀는 복장을 하지 않는데, 그 이유는 자칫 잘못하면 통역사의 복장으로 인해 청중들의 시선이 불필요하게 집중되기 때문입니다. 그러므로 정장으로 하되 색상도 짙은 단색으로 하는 것이 좋습니다.

그러나 선교지에 가 보면, 국내에서처럼 설교자들이 정장과 타이를 착용하지 않는 것을 심심찮게 볼 수 있습니다. 예를 들어 청소년들을 위한 집회에서 무더운 날씨에 설교자가 타이를 착용하지 않고 반팔 와이셔츠를 입는다면, 통역강사는 굳이 타이를 착용하지 않아도 무방합니다. 그러나 이런 경우에는 사전에 설교자가 어떻게 복장을 하고 나오는지를 알아보고 최대한 맞추는 것이 상책입니다. 어떤 경우에도 통역강사의 가벼운 복장으로 인해 설교자의 명예를 훼손하는 일이 있어서는 안 됩니다. 복장도 강단 매너이기 때문입니다.

둘째, 시간입니다. 통역강사는 코디네이터가 아닙니다. 그러나 대개의 경우, 통역강사가 설교자를 숙소로 픽업하러 가는 것은 기본입니다. 이때 중요한 것은 시간입니다. 더욱이 서울 시내와 같이 길이 자주 막히는 대도시에서는 만일의 상황에 대비하여 예배시간 1시간 전에 호텔이나 숙소로 도착하는 것이 예의입니다.

셋째, 아이콘택트(eye contact)입니다. 통역강사는 주강사 못지않게 집중을 받습니다. 그러므로 통역강사가 청중과 눈을 맞추지 않으면 효과적인 설교 전달을 기대하기가 매우 어렵습니다. 스포트라이트를 받아야 할 이는 언제까지나 주강사이지만, 사람들은 통역강사의 입술에서 나오는 말에 은혜를 받는다고 하는 사실을 간과해서는 안 될 것입니다.

넷째, 마이크 사용입니다. 통역강사의 수준은 마이크 사용에서도 드러납니다. 한국교회의 경우, 설교자들이 구즈넥(gooseneck) 마이크를 사용하는 것이 일반화되어 있습니다. 그러나 이는 주강사를 위한 것이므로 통역강사는 별도의 마이크를 사용하게 됩니다.

이때 유의해야 할 점은 주강사는 마이크를 좀 더 멀리 혹은 가깝게 사용할 수 있는 선택권한이 없지만, 통역강사는 한 손으로 마이크를 잡고 말하기 때문에 자칫 잘못하면 마이크를 너무 가까이, 혹은 너무 멀리 잘못 사용함으로써 주강사와 똑같은 톤을 기대하기 어렵다는 점입니다.

다섯째, 강단에서 통역강사의 위치입니다. 어떤 사람들은 주강사가 강단에 서고, 통역강사는 강단구석에서 보일 듯 말 듯하게 서서 통역하는 것을 선호하기도 합니다. 이는 통역사가 지나치게 튀지 않는다는 점에서 바람직하지만, 설교자와 호흡을 맞추는 데 있어서는 굉장한 장애물이 됩니다.

쉽게 말해, 통역강사는 주강사 바로 옆에 서는 것이 좋습니다. 강단에서도 눈에 보이지 않는 매너가 있는 법이기 때문에 통역강사는 설교자와 함께 발을 맞추어 걸어가야 함은 물론, 강단에 올라설 때에는 설교자는 오른편에 통역강사는 왼편에 서는 것이 예절입니다.

　통역도 설교입니다. 그 때문에 통역강사는 설교자로서의 강단 매너를 지켜야 할 의무를 가지고 있습니다. 엄밀한 의미에서, 사람들은 통역강사의 말을 듣기 때문에 통역사가 자신감을 갖고 당찬 목소리로 청중을 바라보며 또박또박 통역을 하면, 성도들이 은혜를 받는 데 지장이 없게 됩니다.

스피드 조절이 관건이다

외국어에 대한 지식이 풍부한 사람이라고 해서 통역을 잘할 수 있는 것은 아닙니다. 동시통역은 두말할 것도 없거니와 순차통역 역시도 체화된 순발력으로 메시지를 도착어로 말해야 하는 고도의 집중력을 요하는 작업입니다.

통역강사는 주강사와 호흡을 맞추는 것이 절대적으로 중요합니다. 설교자가 목소리 톤을 높이는데 통역사가 들릴 듯 말 듯 한 목소리로 말하면 설교자들은 자신이 무시당하고 있다고 생각하기 일쑤입니다. 그러므로 제스처를 모방하는 것은 물론, 설교자가 강조하고자 하는 문장에 악센트를 넣어 주어야 하는 것은 기본입니다.

그러나 그보다 더 중요한 것은 설교의 전체적인 흐름입니다. 설교는 일정한 속도로 진행됩니다. 물론 설교자에 따라 좀 더

빨리 말하는 사람들이 있는가 하면, 좀 더디게 천천히 말하는 사람들도 있습니다. 어쨌든, 통역사는 설교자의 스피치 속도를 맞추어야 할 의무를 가지고 있습니다.

아무리 노련한 통역사라도 문장 하나를 놓친 나머지 설교자보다 뒤늦게 좇아가는 거북이형 통역사들이 있습니다. 예를 들어, 설교자가 "내가 그곳에 가 보니 참 좋았습니다."라고 말을 했는데, 통역사가 "나는 그곳에 가 보았습니다."라고 통역을 하게 되면, 곧바로 설교자는 도착어에 대한 이해가 없기 때문에 앞서 말한 문장에 대한 통역이 다 마친 줄 알고 그 다음 문장으로 넘어갑니다. "말로 표현할 수 없는 감정에 그저 무릎을 꿇고 감사기도를 드리기 시작했습니다." 그러면 통역사는 "그런데 좋았습니다."라고 운을 뗀 후 감사기도에 대한 내용을 말합니다.

그러므로 매끄러운 통역의 비결은 스피드 조절입니다. 일반인들이 잘 모르는 것 중의 하나가 휴지(pause)의 중요성입니다. 쉽게 말해, 쉼표 사용에 통역의 질이 결판난다고 해도 과언이 아닙니다. 통역사를 두고 설교를 많이 해 보지 않은 일부 설교자들은 통역사를 배려한다는 차원에서 문장을 아예 끊지 않거나 너무 많이 끊는 경우를 종종 보게 됩니다. 혹은 쉼표를 사용해도 문장 한 가운데를 끊기 때문에 통역사가 그 다음에 나올 문장을 예상하지 못하게 되어 통역에 지장을 주게 됩니다.

우리가 흔히 외국인 목사님들의 설교를 들어 보면, 설교 도중에 설교자가 말하려는데 통역사가 말을 가로채고, 통역사가 말하려는데 설교자가 말하기 시작하여 두 사람이 서로 양보하는 것을 볼 수 있습니다. 이 문제는 스피드 조절의 비결인 쉼표로 극복될 수 있습니다.

스피드 조절은 동시통역, 그리고 통역사를 두고 설교하는 분들을 위해 다시 한 번 다루기로 하겠습니다.

성경적인 표현을 사용하라

통역강사는 또 다른 설교자이기 때문에 통역에 충실할 뿐만 아니라, 성도들에게 은혜를 끼쳐야 하는 사명을 가지고 있습니다. 그런 의미에서, 통역설교는 일반통역과 차원이 다른 것입니다. 은혜로운 통역을 위해서는 세 가지 사항을 염두에 둘 필요가 있습니다.

첫째, 성구인용입니다. 설교의 내용은 본질상 성경일 수밖에 없습니다. 아무리 신선하고 새로운 메시지라고 해도 기초는 어디까지나 66권의 성경에 한합니다. 그 때문에 설교자는 설교 도중에 성구인용을 자주 하게 됩니다.

바로 이때 통역사는 거의 즉흥적으로 성구를 도착어로 말해야 합니다. 이것이 은혜로운 통역설교의 비결입니다. 그런데 만일 통역강사가 성구를 암기하지 못하여 일일이 성구를 찾는다고 생각해 보십시오. 시간이 많이 걸리는 것도 문제이지만, 더 큰 문제는 설교의 생동감이 역력하게 떨어진다는 것입니다.

그렇다면, 천재가 아닌 이상 어떻게 웬만한 성구를 다 암기하고 있을까요? 그래서 원고를 미리 체크하는 것이 필요한 것입니다. 물론 강사가 어떤 성구에 특별한 의미부여를 하기 위해 성경책을 펼친다면, 통역사 역시 같이 성경책을 펴야 합니다. 때로는 원고에도 없는 성구가 인용되기도 하는데, 이 경우를 대비하기 위해 통역설교자는 항상 성구를 암기하는 습관을 길러야 합니다.

둘째, 전문 용어입니다. 때로는 설교자가 전문 지식을 활용하여 전문 용어를 사용하는 경우가 있습니다. 전문 용어는 대개의 경우 문자적인 번역으로 이루어져 있기 때문에 본래의 의미를 살려야 합니다. 또한 요즘에는 전문 용어가 세계공용어인 영어에서 파생되기 때문에 웬만하면 어느 나라에서나 똑같이 사용하려고 하는 추세입니다.

앞으로 번역에 대해서도 언급을 하겠지만, 전문 용어는 직역하는 것이 좋습니다.

셋째, 성경적인 표현입니다. 은혜로운 통역을 하기 위해서는 성경적인 표현을 사용해야 합니다. 물론 이것은 성구인용과도 밀접하게 관련되어 있습니다. 예를 들어, 설교자가 "너는 두려워하지 말라. 내가 너를 구속하였고 내가 너를 지명하여 불렀나

니 너는 내 것이라."(사 43:1후)는 성구를 인용하는데, 통역강사가 바로 옆에서 이 성구를 모른다는 이유로 구어체(colloquial) 식으로 통역을 한다고 가정해 봅시다. "무서워하지 말라. 내가 너를 구원하였다. 너의 이름으로 내가 너를 불렀으니 너는 내 것이다."

물론 요즘에는 다양한 번역본들이 있기 때문에 사람들은 흔히 '통역강사가 현대어성경 버전을 인용하는가 보다.' 라고 생각할지는 모릅니다. 그러나 은혜의 강도는 그만큼 현저하게 떨어집니다.

이 원칙은 비단 성구인용에만 제한되지 않고, 설교의 전체적인 맥락에 적용됩니다. 설교자가 성구를 인용하지 않고 소경 바디매오가 눈을 뜨게 된 말씀을 본문으로 삼아 설교를 한다고 가정해 봅시다. 이 경우에는 통역사가 얼마만큼의 성경 지식을 가지고 있느냐가 관건입니다. 비록 성구인용은 하지 않더라도 모든 설교의 내용이 성경이기 때문에 통역사는 능력이 닿는 대로 성경에 나타난 단어, 동사, 문장, 표현양식까지 그대로 인용하는 것이 좋습니다.

돌발 상황, 어떻게 극복해야 하나?

통역을 하다 보면, 아무리 경험이 많다고 하더라도 돌발 상황이 있기 마련입니다. 수많은 사람들이 지켜보고 있는 가운데 통역이 중간에 막히는 것만큼 답답한 것이 없습니다. 보는 사람도 답답한데 무엇인가를 말해야 하는 통역사의 입장에서는 오죽하겠습니까? 그러므로 통역사는 돌발 상황의 위기를 가볍게 넘길 줄 아는 지혜를 가지고 있어야 합니다.

우리나라에서 조용기 목사님처럼 통역설교를 많이 하신 분도 드물 것입니다. 『나는 이렇게 설교한다』라는 책에 보면, 벌써 몇십년 전에 출간된 책인데도 통역설교에 대해 자세하게 서술되어 있습니다.

그 책에 보면 이런 재미있는 일화가 소개되어 있습니다. 하루는 어느 한 외국 목사님께서 설교를 하시는데, 설교 도중에 꿩

장히 재미있는 우스갯소리를 하셨습니다. 그런데 통역강사는 이것을 어떻게 통역해야 할지를 몰라서 곧바로 "지금 이분이 굉장히 웃긴 이야기를 하셨는데 우리나라 말로는 전혀 웃기지가 않습니다. 그러니 우리 모두 크게 한번 웃으십시다! 하하하!"라고 말하자 온 회중이 환하게 웃었다고 합니다. 물론 설교자는 자신이 한 말이 웃겨서 회중이 웃었다고 생각했을 것입니다.

이것은 바로 위기 상황을 재치 있게 넘기는 지혜의 좋은 예라고 할 수 있습니다. 해외에서 열리는 어느 한 집회에서 있었던 일입니다. 당시 오스트리아에서 오신 강사 목사님께서는 "많은 사람들이 종교 개혁하면 칼빈과 루터를 떠올리는데, 사실은 우리 오스트리아에도 종교 개혁을 일으킨 인물이 있습니다. 그분의 이름은 아무개입니다."라고 간증하셨습니다.

그런데 칼빈과 루터와는 달리 우리에게는 생소한 이름일뿐더러 발음하기조차 굉장히 힘든 이름이었습니다. 당시 옆에서 통역하고 있던 분이 통역을 다 하고 난 다음에 자신이 오스트리아식 독일어 발음을 하지 못할 것 같으니까 바로 되물었습니다. "이름이 무엇이라고 하셨지요?" "아무개요." "네, 바로 이 사람이요." 사람들은 배꼽을 잡고 웃었습니다. 재치 있게 위기 상황을 극복한 또 다른 예가 됩니다.

다시 말해, 돌발 상황이 일어났다고 해서 당황할 것은 없습니다. 찰나에 불과한 것이기 때문에 재치있게 넘길 수 있는 지혜가 필요할 뿐입니다.

돌발 상황을 극복하기 위한 가장 전통적인 방법은 되묻는 것입니다. 아무리 경험이 풍부한 통역사라도 40분 정도 빈틈없이 통역한다고 하는 것은 매우 어려운 일입니다. 이에 대한 조사가 있는 것은 아니지만, 대개 한 편의 설교에 통역사들은 2~3회 정도 되묻습니다. 그러므로 바로 옆에 선 강사에게 되묻는 것을 두려워하지 마십시오. 자연스럽게 묻고, 충분히 이해를 한 다음 통역을 해도 돌을 던지는 사람은 없을 것입니다.

어떤 집회 장소에 가 보면, 모니터가 제 역할을 하지 못할 때가 있습니다. 다시 말해, 통역사는 설교자의 목소리를 옆에서 직접 듣기보다는 모니터에서 나오는 음성을 듣습니다.

그런데 설교를 마치고 난 후 사람들이 통성으로 기도할 때, 강사가 소리높여 기도를 하게 되면 목소리가 들리지 않는 경우도 종종 있습니다. 이때는 옆에서 직접 강사의 얼굴을 보고 통역을 하는 것도 좋은 방안이 될 수 있습니다.

돌발 상황을 어떻게 극복해야 한다는 원리는 없습니다. 그저 경험에 비추어서 위기 상황을 그때그때 넘기는 지혜가 필요할 뿐입니다.

능숙하지 못한 설교자와 능숙한 통역사

　능숙하지 못한 설교자와 능숙한 통역사가 만날 때가 있습니다. 여기서 능숙하지 못한 설교자란, 메시지를 잘 전달하지 못한다기보다는 통역사와 호흡을 맞추지 못하는 경험이 부족한 설교자를 가리킵니다.

　통역설교도 경험이지만, 통역사를 두고 설교를 하는 것도 경험입니다. 일반통역사들도 통역사 친화적인 사람들이 따로 있다고들 말합니다. 그렇다면 비친화적인 사람들은 누구일까요? 쉽게 말해, 통역사를 배려한다고 하면서 문장을 지나치게 자주 끊으므로 전체적인 맥락을 말하지 않는 연사들입니다.

　설교에도 이 원리는 똑같이 적용됩니다. 그러므로 통역사를 두고 설교를 많이 해 본 설교자가 통역사와 호흡을 잘 맞추기 마련입니다.

저는 10여 년간 통역사역을 해 왔습니다. 그런데 하나같이 세계적인 목사님들은 역시 통역사의 입장에서 생각하고 문장을 만들고 적절하게 끊는 것이 몸에 배어 있습니다.

그러므로 통역의뢰가 들어오면, 가장 먼저 설교자가 누구인지에 대한 사전 조사가 있어야 합니다. 그리고 강사와 접촉하여 원고를 미리 부탁할 뿐만 아니라, 설교자가 통역사를 두고 설교한 경험이 많지 않다면, 쉼표를 사용하는 법에 대해서 간략하게 설명하는 것도 좋은 방편입니다.

특별히 한국어와 라틴어에서 파생된 영어, 불어, 스페인어 등은 문장의 구조, 즉 어순이 다릅니다. 대개의 경우, 주어가 맨 앞에 나온다는 점에서는 똑같은 구조를 띠고 있지만, 술어에서는 다릅니다. 한국어는 목적어가 먼저 들어가고 동사가 나중에 삽입되지만, 라틴어에서 파생된 언어들은 술어에서 동사가 먼저 삽입되고 목적어가 맨 마지막에 들어가는 것을 볼 수 있습니다. 간단하게 말해, 한국어로는 '나는 학교에 간다'인데 반해 영어에서는 'I go to school', 스페인어에서는 'Yo voy a la escuela', 즉 동사가 먼저 나오게 됩니다.

개인적으로, 우리나라를 방문하는 스페인어권 목사님들께서는 통역을 하기 전에 이 부분에 대한 간략한 설명을 드립니다. 그 이유는 미국과 중남미의 목사님들께서는 영어-스페인어, 스페인어-영어 통역에는 익숙하지만, 문장 구조가 다른 이를 테면 한국어-스페인어, 스페인어-한국어 통역에는 익숙하지 않아 약간의 조율이 필요하기 때문입니다.

그러므로 능숙하지 못한 설교자와 사전에 만나 통역방식을 채택하고 조율하는 것은 예의에 어긋나는 것이 아니라 오히려 보다 효과적인 설교를 하기 위한 하나의 방편입니다.

실수는 누구나 한다

　통역설교를 잘하는 비결이 있다면 그것은 바로 경험일 것입니다. 풍부한 경험에서 나오는 여유로움이란 돈 주고 살 수 없는 주옥과도 같은 것입니다.
　그러나 아무리 경험이 있다고 하더라도 실수를 하지 않는 것은 아닙니다. 그러므로 실수를 두려워하지 말고, 실수를 통해 배우겠다고 하는 자세가 있어야 합니다.
　제가 통역사역을 갓 시작하였을 때 있었던 일입니다. 통역에 대한 꿈과 학문적인 준비가 어느 정도 되어 있긴 하였어도 한국어가 부자연스러웠습니다.
　통역에는 도착어는 물론이고 출발어에 대한 해박한 지식이 있어야 합니다. 실제로 많은 통역사들은 외국어를 잘하기 위해 통번역학과를 선택하는 경우가 많이 있습니다. 그러나 자신의 모국어에 문제가 있을 수 있다고 생각하는 이들은 적습니다. 그러므로 통역을 잘하기 위해서는 도착어는 물론이고 출발어에 대한 끊임없는 연구가 뒷받침되어야 합니다.

아르헨티나 출신의 강사 목사님께서 "Dios esta sanando a aquellos que tienen los ojos torcidos!"라고 말하자 저는 곧바로 자신 있게 "눈이 삔 사람이 나았습니다!"라고 소리쳤습니다. 나중에 그 장면을 TV로 시청하는데 얼마나 부끄러웠는지 모릅니다. 나중에 알게 된 사실이지만, 이런 일종의 장애를 가지고 있는 사람들을 가리켜 눈의 초점이 흐트러졌다고 하는 표현이 있다고 하는 것을 알게 되었습니다.

외국어를 알고 있는 이들 가운데 통역설교에 적극적으로 나서지 않는 이들의 대다수는 두려움을 호소합니다. 실수할까 봐 하지 않는다는 것입니다. 그러나 실수는 더 나은 통역을 위한 피할 수 없는 채찍이라고 할 수 있습니다.

저는 아르헨티나 상업대(UADE: Universidad Argentina de la Empresa)에서 영어공인번역학을 공부했습니다. 남미의 사정상 거의 대부분의 학과에서는 입학시험을 요구하지 않는 데 반해 영어공인번역학과는 영어와 관련해서 가장 수준이 높은 특수학과이기 때문에 기본 실력이 있어야 합니다. 모든 강의가 영어로 진행됨은 물론, 입학시험도 영어로 된 신문 기사를 스페인어로, 그리고 역으로 스페인어로 된 신문 기사를 영어로 옮기는 것입니다. 그렇기 때문에 웬만한 실력을 가지고서는 입학조차 하지 못합니다. 공인번역학과를 졸업하면 번역학계에 가입하여 문서를 번역하고 공증할 수 있으며, 본인이 원하면 대학원에서 동시통역을 배우게 됩니다.

이 학과는 수업 난이도가 굉장히 높기 때문에 1학년에 입학을 하고 나서도 2~3개월 내로 포기하는 학생들이 많습니다. 제가 2학년 때인 것으로 기억합니다. 수업 도중에 어느 한 학생이 손을 들더니 이런 질문을 던졌습니다. "교수님, 솔직히 영어권 나라에서 살지 않는 이상 어떻게 화자의 말을 다 이해할 수 있나요? 만의 하나라도 알아듣지 못하면 어떻게 해야 하나요?"

교수님은 웃으시면서 우리 모든 학생들을 안심시키셨습니다. "이렇게 한번 생각해 보세요. 만일 여러분이 법정에 서서 어느 한 피고인의 말을 통역을 해야 한다고 가정해 봅시다. 그 사람은 지금 자신의 아내를 살해한 혐의로 구속되었는데, 이 상황에서 피고인은 무슨 말을 할 것 같아요? 세계경제에 대해 말하겠어요? 아니면 철학적인 논쟁을 벌이겠어요? 자신의 아내였던 사람을 어떻게 죽였는지를 말할 것 아니예요? 뻔한 거 아니겠어요? 무엇을 그렇게 걱정하세요?"

좀 극적인 예였지만 우리 모든 학생들을 안심시키기에는 충분했습니다. 즉, 실수는 누구나 하는 것이기 때문에 분위기를 따라 문맥을 파악하여 의미만 전달하면 된다는 것이 그 교수님의 말씀의 요지였습니다.

    그러므로 실수하는 것을 두려워할 필요가 없습니다. 못 들었으면 자연스럽게 묻고, 자신 없는 문장이 나오면 단어 하나하나를 통역하려고 하기보다는 핵심 메시지만 간략하게 전달하면 됩니다.

제7장 통역설교자의 준비

사전에 설교자의 스타일을 마스터하라
할 수만 있다면, 원고를 부탁하라
설교자와 한 마음이 되어라
목 관리에 목숨을 걸어라
요즘에는 통역도 기록에 남는다

사전에 설교자의 스타일을 마스터하라

통역설교를 잘하기 위해서는 준비를 철저히 해야 합니다. 사실상 준비만 잘해도 통역설교의 50%는 이미 완성되었다고 볼 수 있습니다. 통역의뢰가 들어오면 가능한 집회가 시작되기 며칠 전에 강사와 만나서 식사를 하는 등의 교제를 나누는 것이 좋습니다. 그러면 집회 당일 날 당황하거나 어색해하지 않고 통역을 잘할 수 있습니다.

통역강사는 사전에 설교자의 스타일을 마스터해야 되는데, 이를 위해서는 다음 세 가지 사항을 알아야 합니다.

첫째, 설교자의 설교 동영상을 미리 보고 연구하는 것입니다. 요즘에는 인터넷이 발달되어 언제 어디서든지 외국 목사님들의 설교를 원어로 접할 수 있습니다. 저는 언제나 통역의뢰가 들어오면 설교자의 스타일을 마스터하기 위해 바로 시청각 자료를

요청합니다. 주최측에서 응하지 않을 경우에는 직접 강사 목사님께 의뢰를 하는 방법도 있습니다.

많은 이들로부터 "김장환 목사님도 통역으로 유명해지셨잖아요."라는 말을 들었습니다. 그래서 저는 김장환 목사님을 모델로 삼기 위해서 수원중앙침례교회를 직접 방문하여 담임 목사님의 통역이 있는 시청각 자료가 있는지를 문의했습니다.

당시 교회서점에서 판매되고 있던 유일한 자료는 빌리 그래엄(Billy Graham) 목사님께서 여의도광장에서 집회를 인도한 것을 통역한 비디오 자료 한 개가 전부였습니다. 상황이 어찌됐든, 저에게 있어서만큼은 둘도 없는 귀중한 자료였습니다. 많은 통역사들이 김장환 목사님을 모델로 삼기 때문입니다.

초보 통역사들은 설교 동영상을 시청하면서 문장 하나하나를 받아쓰기(transcription) 할 것을 권장합니다. 이는 매우 고단한 일이 될 수도 있겠지만, 설교자의 말을 원어로 필사하게 되면 충분한 시간을 갖고 번역을 한번 해 보고 미리 읽어봄으로써 통역을 연습할 수 있다는 장점이 있습니다. 또한 시청각 자료는 설교자의 얼굴 표정, 어투, 제스처 등 다양한 모습을 객관적으로 관찰할 수 있다는 점에서 매우 유익합니다.

둘째, 설교자의 표현양식을 연습하는 것입니다. 설교 동영상을 미리 연구할 때 유의할 점은 최소한 10개 정도의 설교를 처음부터 끝까지 보고 연구하라는 것입니다. 그 이유는 한두 편의 설교를 가지고는 설교자의 표현양식을 분석하기 어렵기 때문입니다.

그러나 설교를 여러 편 듣게 되면 설교자가 즐겨 인용하는 성구나 자주 사용하는 표현양식이 있음을 포착할 수 있습니다. 할 수만 있다면, 이런 표현양식은 외우는 것이 좋습니다. 제가 아는 어느 한 부흥사는 신유기도를 할 때 "우리 몸에 있는 불필요한 모든 바이러스와 세균과 병균이 메마르고 죽고 떠나갈지어다!"라고 기도하곤 합니다.

처음으로 이 문장을 접하게 되면, 워낙 빠른 속도로 기도를 인도하시다 보니 통역사는 "메마르고 죽고 떠나가라."고 하는 세 가지 동사 중 한두 개는 놓치기 마련입니다. 그러므로 통역 사역을 감당하는 이들은 설교자의 설교 스타일을 사전에 익히는 데 세심한 주의를 기울여야 합니다.

셋째, 설교자의 저서를 읽는 것은 기본입니다. 해외에서 집회를 인도하는 사역자라면, 보통 2-3권 정도 집필한 책이 있기 마련입니다. 통역강사는 주강사의 서적을 섭렵하는 것이 매우 중요합니다. 외국 초청 목사를 글로 만나면 또 다른 인상을 받을 수 있습니다. 책을 읽음으로 인해 그의 사상은 물론 그의 간증과 하고자 하는 말을 사전에 파악할 수 있다는 점에서 책은 통역사에게 있어서 적극적으로 활용할 수 있는 소중한 자료가 되는 것입니다.

또 다른 점은 숫자입니다. "이 세상에는 65억의 인구가 살고 있습니다."라고 하는 말은 하나도 어렵지 않은 상식에 속합니다. 그러나 만일 도착어가 부족한 사람이 즉흥적으로 숫자를 도착어로 옮기려고 하면 매우 어렵습니다. 특별히, 설교에는 돈에 대한 천문학적인 액수, 혹은 우리가 일상에서 자주 사용하지 않은 숫자가 가끔씩 나오기 마련인데, 통역사는 이때 그 자리에서 계산을 하기보다는 책을 통해 이미 그가 어떤 숫자를 자주 인용하는지를 파악하고 있어야 합니다. 더욱이 한국은 만 단위로 숫자를 세는 반면, 서양에서는 천 단위로 계산을 하기 때문에 금전적인 계산이 의외로 복잡할 수 있습니다. 또한 수시로 변동되는 달러 환율도 염두에 두어야 할 사항입니다.

시간만 있다면 누가 못하겠습니까? 그러나 엄청난 생동감과 스피드가 요구되는 설교통역에 숫자 정도는 미리 파악하고 있어야 합니다.

할 수만 있다면, 원고를 부탁하라

본래는 설교자가 통역강사에게 설교의 원고를 미리 보내주는 것이 하나의 예의입니다. 그러나 이것이 지켜지는 경우는 거의 없습니다. 특별히, 일부 선진국 강사들을 제외하고는 남미와 같은 출신의 강사들은 원고를 전달하지도 않거니와 원고가 없는 설교에 익숙하기 때문에 통역사로서는 그만큼 스스로 알아서 준비해야 하는 노력이 필요합니다.

그러나 특별한 경우가 아니라면, 원고를 설교자에게 미리 부탁해야 합니다. 원고는 두 가지 종류가 있는데, 하나는 문장 하나하나를 그대로 쓴 transcription 원고이고, 또 다른 하나는 일종의 대지와 성구인용, 그리고 짤막한 함축적 단어를 쓴 이른바 outline 원고입니다. 어떤 경우이든, 통역사에게 있어서 원고는 배낭여행을 떠나는 이가 지참해야 할 지도와도 같은 것입니다.

　원고를 볼 때 가장 유의해야 할 점은 어려운 단어 및 인용될 성구입니다. 강단에 올라가서 하려면 생각할 시간이 주어지지 않기 때문에 이미 때가 늦은 것입니다. 특별히, 인용될 성구는 자신이 사용할 성경에 미리 표시를 해 놓고 강단에서 즉각적으로 찾아 읽든지, 아니면 따로 통역원고를 만들어 미리 도착어로 써 놓아야 합니다.

　설교자는 특별한 경우가 아니라면 성구를 외우다시피 해서 말하는데, 옆에 있는 통역강사가 성구를 일일이 찾아서 말한다는 것은 시간낭비일 뿐 아니라, 은혜를 끼치는 데 있어서 상당한 장애물이 됩니다. 은혜로운 통역설교는 언제까지나 성경 말씀에 기초를 둔다고 하는 사실을 잊어서는 안 됩니다.

　아무리 원고가 있다고 하더라도 설교자들은 원고에 얽매어서는 안 된다고 하는 것이 설교학에서 배우는 기초 지식입니다. 곽선희 목사님은 원고에 없는 말이 곧 성령의 감동하심이라고 지적하신 바 있습니다.

　설교자들은 원고에 없는 성구를 인용할 때도 있습니다. 바로 이때 통역강사의 영성과 실력이 드러나는 것입니다. 통역설교도 고도의 영성이 요구되는 사역이기 때문에 웬만한 성경 구절은 평소에 다 암기하고 있어야 합니다.

　그러나 천재가 아닌 이상 어떻게 유명한 성경 구절들을 다 외울 수 있습니까? 이 때문에 통역사들은 강단에 오르기 며칠 전부터 유명한 성경 구절들을 다시 한 번 반복해서 외우는 훈련을 해야 합니다.

한 가지 귀담아 두어야 할 점은 평소에 사용하는 성경책을 들고 강단에 올라가라는 것입니다. 사실 이것이 그다지 중요하지 않다고 생각하는 이들도 있을 것입니다. 그러나 내가 평소에 사용하는 성경책이 아닌 남의 성경책이나 혹은 새 성경책일 경우 특정한 성구를 찾으려고 할 때 페이지가 잘 넘어가지 않아 곤욕을 치를 수 있습니다. 그러므로 만일의 상황에 대비하여 성경책을 펴고 페이지를 한두 번 정도 넘기면 찾을 수 있는 나의 때가 묻은 성경책을 사용하는 것이 가장 좋습니다.

설교자와 한 마음이 되어라

통역설교는 사람의 말을 전하는 것일 뿐만 아니라 하나님의 말씀을 전달하는 사람이기 때문에 감정 표현에도 탁월해야 합니다. 간단하게 말해, 설교자가 울면 통역사도 함께 울고 설교자가 웃으면 통역사도 따라 웃어야 합니다. 표면적으로만 그런 표정을 짓는 것이 아니라, 마음속으로 깊이 느껴야 합니다. 그렇다고 해서 설교자가 심각한 얼굴로 전하는데 통역사가 은혜를 받았다고 해서 흐느낀다면 곤란합니다. 그러나 감정까지도 설교자와 한 마음이 되어야 보다 효과적인 통역을 할 수 있습니다.

내가 시무하고 있는 교회에서는 2개월마다 선교주일을 지킵니다. 그 이유는 선교는 성도들에게 아무리 강조해도 지나치지 않을 만큼 중요하기 때문입니다. 현재 우리교회는 6개의 현지인 지교회를 후원하고 있는데, 선교주일마다 지교회의 현지인 담임 목사님들께서 돌아가면서 말씀을 선포합니다.

물론 우리 지교회 목사님들께서는 오랜 훈련 끝에 원고를 제시간에 보내는 일과 설교 도중 끊어서 말하는 것뿐만 아니라, 저의 목회철학을 답습하여 사역을 전개해 나가기 때문에 한 마음을 가지고 있습니다. 선교주일을 앞둔 주말에는 다함께 모여 특강을 듣고, 사역현황을 나누며, 무엇보다 함께 눈물을 흘리며 기도하는 시간이 있습니다. 비록 피부색과 언어와 문화가 다르지만, 하나님 나라의 확장이라는 같은 비전을 품고 모였기 때문에 그분들이 강단에 서서 설교를 할 때면 저는 그들의 상황을 이미 파악하고 있으므로 그들이 어떤 마음으로 메시지를 증거하고 있는지를 알고 있습니다. 그래서 체화된 감정을 최대한 살려 전하는 데 어려움이 없습니다. 물론 이것은 지교회 목사님들과의 수년 간에 걸쳐 이루어진 깊은 교제를 통해 얻게 된 하나 된 마음입니다.

그러므로 통역의뢰를 받는 순간부터 설교자에 대한 연구는 물론, 그와 개인적인 친분을 쌓는 것이 절대적으로 중요합니다. 강단 아래에서 호흡이 맞아야 강단 위에서도 효과적인 커뮤니케이션을 극대화시킬 수 있기 때문입니다.

경험을 통해 얻은 또 다른 교훈은 강단에 올라가기 직전 강사 목사님의 기도를 받으라는 것입니다. 아무리 설교원고를 연구하고 많은 준비를 했다 하더라도 기도를 통해 통역을 전적으로 하나님께 맡기고 학자의 혀를 달라고 하면 하나님께서 능력을 반드시 베푸셔서 통역사에게도 놀라운 성령의 기름 부으심이 임하는 것을 체험할 수 있습니다.

목 관리에 목숨을 걸어라

설교자가 목소리에 무리를 주어 더 이상 큰 목소리로 말을 하지 못한다는 것은 상상할 수도 없는 일입니다. 통역사도 이와 마찬가지로 목 관리에 목숨을 걸어야 합니다. 성악가들이 목 관리를 위해 무더운 여름에도 목을 감싸고 다닌다는 점은 널리 알려진 사실입니다. 뉴스 앵커가 기침을 하며 말하는 것을 상상할 수 없듯이, 또박또박 발음하고 정확한 음정으로 말하지 않는 통역사는 생각할 수 없습니다.

특별히, 통역강사들은 언제나 강사를 따라다니며 통역을 해야 하기 때문에 자칫 잘못하면 정말 중요한 설교를 통역하는 데 깨끗하고 정확한 음성을 제공하지 못하는 뜻밖의 경우가 발생할 수 있습니다.

미국 아틀란타에서 통역강사로 섬겼을 때 있었던 일입니다.

3일 동안 집회가 진행되는 동안 밤낮 할 것 없이 심지어는 쉬는 시간에도 다른 강사가 세미나를 하는 등 통역에 강행군을 치른 적이 있습니다.

분위기의 심각성을 눈치 챈 주강사 목사님께서는 저의 손을 잡고 끌어당기면서 "이 사람아, 통역사를 좀 쉬게 해야 밤 집회 때 통역을 하지!"라며 세미나를 인도하던 동료 목사님을 꾸짖은 적이 있습니다.

안도의 한숨을 쉴 수 있는 유일한 순간이었습니다. 그러나 일반적으로 보면, 통역사는 식사할 때도 가교 역할을 해야 함으로 다른 사람들보다 2-3배 정도는 더 말할 수밖에 없습니다.

그러므로 통역사역에 귀하게 쓰임 받기 위해서는 목 관리에 철저해야 합니다. 사실상 목 관리에는 여러 가지 견해가 있는 것이 사실입니다. 그러나 이론이 아닌 현장에서 습득하게 된 목을 관리하는 비결은 세 가지입니다.

첫째, 물을 많이 마시게 되면 목에 무리를 막을 수 있습니다. 긴장을 하거나 말을 많이 하게 되면 목이 마르는 현상이 나타나는데, 즉각적으로 갈증을 해소시켜 주지 않고 계속해서 말을 하게 되면 목에 무리를 주게 됩니다. 그러므로 성회가 열리는 동안에는 항상 물병을 가지고 다니면서 수시로 마시는 것이 좋습니다.

둘째, 적당량의 프로폴리스(propolis)를 사용하면 목이 쉬는 것을 방지할 수 있습니다. 프로폴리스는 용법을 참고하여 필요 이상으로 복용하지 말아야 합니다. 개인차가 있는 것은 사실이지만, 주로 하루 일정을 마치고 난 후 밤에 취침시간 직전에 복용하면 그 다음 날에 목이 풀린 것을 느낄 수 있습니다.

셋째, 목에 힘을 줌으로써 성대에 무리를 주는 것은 금물입니다. 이는 사역자로서의 생명과도 직결된 것이지만, 방송실에서 조금만 신경을 써 주면 굳이 무리하게 큰 소리로 말하지 않아도 수많은 사람들이 듣는 데 지장이 없습니다. 그러므로 할 수 있는 한 자투리 시간을 활용하여 쌓인 피로를 바로바로 풀어 주고 충분한 휴식을 취하는 것이 좋습니다.

요즘에는 통역도 기록에 남는다

통역설교를 잘하는 비결은 여러 가지이지만, 그 중의 하나를 꼽으라 하면, 준비입니다. 한마디로 말하자면 첫째도 준비, 둘째도 준비, 셋째도 준비입니다. 기도하지 않고 설교하는 것이 죄라고 한다면, 준비하지 않고 통역하는 것은 허물입니다. 사람들이 흔히 말하는 이른 바 '엉터리 통역'은 통역사의 실력의 부재보다는 준비의 부재에서 비롯되는 경우가 많습니다. 따라서 준비만 제대로 하면 통역은 누구든지 할 수 있는 사역입니다.

그런 의미에서, 통역사는 그의 삶 자체가 통역을 준비하는 과정이라고 할 수 있습니다. 평소에 출발어와 도착어로 성경을 많이 읽고, 신앙서적을 섭렵하며, 끊임없는 연구가 뒷받침되어야 탁월한 통역을 할 수 있습니다.

통역은 출발어와 도착어에 대한 지식이 있어야 합니다. 가령 미국인 목회자가 한국에 왔을 경우에는 통역사가 한국말로 통역을 해야 하지만, 한국인 목회자를 모시고 영어권 나라에 가서 집회를 인도한다면 영어로 통역을 해야 합니다. 이는 표면적으로는 지극히 당연한 것처럼 보이지만, 이 둘 사이에는 엄청난 차이가 있습니다.

바로 이러한 이유 때문에 통번역이라고 할 때에는 전문적인 용어로 다음과 같이 표현합니다. 예를 들어, korean-spanish, spanish-korean interpreter. 따라서 외국어에 능통하지 못해도 조금 이해하고 철저히 준비만 한다면, 한국어로 웬만한 통역 설교는 가능하다는 이야기도 됩니다. 물론 더 많은 노력을 기울여 출발어와 도착어라 할 것 없이 쌍방향으로 잘 통역하는 것을 추구해야 한다는 것은 두말 할 필요도 없이 중요합니다.

많은 사람들이 나에게 "한국말이 편하세요? 아니면 스페인어가 더 편하세요?"라고 질문합니다. 사실 저는 두 언어 모두가 편안합니다. 예를 들어, 평소에 성경을 한국어로 읽는 통역사는 외국인 목사의 설교를 통역하는 데에는 탁월할 수 있지만, 역으로 한국인 목사님을 모시고 해외에 나가 통역을 하라고 하면 어려움을 호소할 것입니다.

그 이유는 간단합니다. 즉, 평소에 성경을 영어로 읽지 않기 때문입니다. 그러므로 통역사는 출발어와 도착어로 성경을 꿰고 있어야 합니다. 이를 위해서는 지속적인 훈련이 요구됩니다.

통역이 곧 삶이라고 주장하는 이유가 바로 여기에 있습니다.

요즘에는 통역도 기록에 남습니다. 인터넷 보급과 함께 이제는 굳이 찾지 않아도 언론을 통해 통역사들의 통역내역이 비춰지고 있습니다. 그러므로 준비 없이 섣부르게 나서지 말아야 합니다.

경험이 풍부하지 못한 통역사들은 긴장이 되면 강단에 오르기 전에 화장실을 자주 가기도 하고 식은땀을 흘리기도 하며 입술이 마르기도 합니다. 또한 긴장한 탓에 강단에서 마음껏 실력을 발휘하지 못하는 경우도 있습니다. 평소에는 달달 외우고 있는 성경 구절도 많은 사람들 앞에 서면 전혀 생각이 나지 않을 때도 있습니다. 더군다나 순발력이 요구되는 통역설교를 준비 없이 나섰다가는 자칫 잘못하면 통역강사가 설교를 망치는 경우도 있습니다. 그러므로 준비에 철저해야 합니다.

준비만 하면 당신도 얼마든지 탁월한 통역을 할 수 있습니다. 이처럼 사람들이 박수를 보내고 하나님께 영광을 돌리는 은혜로운 통역은 철저한 준비로 이루어집니다.

| 제8장 동시통역은 이렇게 하라 |

부스 안에는 성경책 한 권밖에 없다
의미전달이 생명이다

부스 안에는 성경책 한 권밖에 없다

일반통역계에서는 ISO 규격이라는 것이 있습니다. 이는 동시통역 부스(booth)의 최소 크기를 정해 놓은 것으로 가로 2.40m, 세로 2.40m, 그리고 높이 2.30m입니다. 세계선교를 꿈꾸는 교회라면 반드시 통역 부스를 여러 개 개설해 놓아야 합니다.

동시통역 부스 안에는 도착어로 된 성경책 한 권밖에 없습니다. 예를 들어, 만일 당신이 한국인 목사님의 설교를 듣고 독일인들을 위해 동시통역을 한다면 부스 안에는 독어로 된 성경책 한 권뿐입니다.

통역을 하지 않는 이들에게는 굉장히 생소하게 들릴지도 모릅니다. 왜냐하면, '사전 정도는 마련되어 있어야 하지 않나?'라고 흔히들 생각하기 때문입니다. 그러나 동시통역은 체화된 순발력으로 설교자가 말하기 시작하는 순간 2-3초 후 바로 통역을 해야 하는 방식이기 때문에 사실상 성경책을 펼 시간적 여유가 전혀 없습니다.

그러므로 부스 안에서 동시통역사로 섬기기를 원하는 사역자들은 반드시 필사, 번역, 순차통역의 경험을 차례대로 하는 것이 좋습니다. 동시통역은 일반 학계에서도 대학원 과정으로서 통역의 면류관이라고 할 수 있는 짧은 시간 내에 엄청난 정보량을 흡수하는 고도의 집중력을 요하는 작업입니다.

따라서 동시통역사들은 가능한 한 똑같은 설교자의 설교를 매주 통역함으로써 스피드를 조절하고, 문맥을 파악하고, 설교자의 성향을 익히는 것이 바람직합니다. 이를 위해서는 설교자의 설교 테이프를 재생시켜 통역하는 연습을 많이 하는 것이 효과적입니다.

순차통역과 같이 청중에게 비춰지지 않는다는 점에서 긴장이 덜할 수도 있지만, 실은 훨씬 더 난이도가 높은 것이 동시통역입니다. 그러므로 동시통역 역시 철저한 준비를 해야 합니다.

의미전달이 생명이다

동시통역에 있어서 스피드 조절은 관건입니다. 순차통역과는 달리 동시통역의 두드러진 특징 중의 하나가 바로 설교자와 통역사 사이에 물리적인 괴리감이 있다는 점입니다. 그 때문에 어느 한 부분을 놓치게 되면, 사실상 메시지를 따라간다는 것은 거의 불가능합니다. 설교자는 통역사를 절대로 기다려 주지 않습니다.

그러므로 동시통역을 잘하기 위해서는 스피드 조절에 능해야 합니다. 설교자가 인용하는 성구는 암기해서 말함은 물론 뒤쳐져서는 안 됩니다. '어' 또는 '음' 소리는 적절하지 않으며, 기침이 날 경우에는 'Cough' 버튼을 사용함으로써 불필요한 소리가 나가지 않게 해야 합니다.

2005년 여의도순복음교회에서 CGI 대회가 열렸을 때의 일입니다. 당시 스페인어권 목사님들을 위해 통역 부스 안에 들어가 통역을 했습니다. 조용기 목사님께서는 '4차원의 영성'이라는 특강을 하셨는데, 흔히 사람들은 조 목사님의 설교를 굉장히 쉽고 단순하다고 생각합니다. 그러나 그 역동성만큼은 웬만한 실력을 가지고서는 도저히 따라갈 수 없는 설교입니다. 더욱이 제목에서 엿볼 수 있듯이 그 세미나의 내용은 굉장히 전문적인 것이었습니다.

순발력이 요구되는 동시통역인데도 불구하고 통역을 성공적으로 할 수 있었던 비결은 '4차원의 영성'이라는 책을 스페인어로 번역하여 출간한 경험이 있기 때문이었습니다. 이렇듯 동시통역을 잘하기 위해서는 휴지(pause) 없이 순발력 있게 통역해야 합니다.

스피드를 능숙하게 조절하기 위해서는 동시통역의 요점은 언어분석이 아닌 의미전달이라는 사실을 알아야 합니다. 'My brother'라고 하는 말을 들은 어느 목사님은 설교 도중에 미국인 선교사의 얼굴을 쳐다보면서 "Older brother or younger brother?"라고 질문했다고 합니다. 물론 한국 문화에 있어서 형, 혹은 동생의 차이는 극대화될 수 있습니다. 그러나 기억해야 할 것은 나의 형제 중 한 명이라는 뜻이므로 굳이 설교의 맥을 끊고 형인지 혹은 동생인지를 물어볼 필요는 없는 것입니다. 그저 개인적인 교제와 설교의 맥락에 따라 형인지 동생인지를 파악할 수 있으며, 단어 하나에 목숨을 걸 필요는 없습니다.

한국교회의 예배의 형식은 굉장히 전통적입니다. 전 세계의 개신교회에서는 대부분 사도신경을 고백하지 않습니다. 이런 사실을 미처 모르는 외국인 성도들을 위해 굳이 사도신경을 통역할 필요는 없다고 봅니다. 동시통역은 언제까지나 스피드 싸움이기 때문에 "사도신경입니다"라고 할 때 "it's the Apostles' Creed"라고 말해도 의미전달은 충분히 됩니다.

또 다른 경우는 설교자가 굉장히 재미있는 이야기를 하는 경우입니다. 설교자와 모든 청중들은 웃는데, 유독 헤드셋을 착용하고 있는 외국인 성도들은 웃지 않는 모습을 가끔 볼 수 있습니다. 그 원인은 스피드에 있습니다. 그러므로 어느 한 단어나 문장을 놓쳤을 경우에는 바로 그 다음으로 넘어가는 것이 상책입니다.

제9장 통역사를 두고 설교할 경우

통역사를 사전에 만나 친분을 쌓는다
존중한다

통역사를 사전에 만나 친분을 쌓는다

이제부터는 통역설교에 관한 것을 접어 두고 통역사를 두고 설교할 때 강사가 유의해야 할 점을 언급하기로 하겠습니다. 요즘 들어 해외에 나가 말씀을 증거하는 국내의 목회자들이 의외로 많습니다. 그러나 통역이 매끄럽게 진행되는 경우는 흔치 않습니다. 이 문제의 원인은 주로 통역사의 경험과 실력에 있지만, 때로는 설교자 본인이 될 때도 있습니다.

그러므로 타 문화권 나라에 가서 복음을 증거할 경우, 그 나라 언어로 설교하지 않는 이상 호흡이 잘 맞는 통역사를 두는 것이 중요하다고 하는 것은 두말할 필요도 없습니다. 그러므로 할 수 있는 한 항상 같은 통역사를 두고 해외선교에 힘쓸 것을 강력히 추천합니다. 수년 동안 함께 하다 보면, 통역사는 물론 설교자 역시 편안하게 사역할 수 있는 노하우가 생기기 마련입니다.

그렇다고 전 세계를 다니면서 복음을 증거하는 일에만 몰두하는 전문 부흥사가 아니고서는 어떻게 각 언어에 따른 통역사를 둘 수 있겠습니까? 이것은 웬만한 국제적인 규모의 사역을 하지 않는 이상 어쩌면 실현 불가능한 일일지도 모릅니다. 그러나 하나님께서 나중을 심히 창대케 하실 것을 믿고 지금부터 외국어를 잘하는 부교역자 혹은 동역자를 전문통역사로 두는 것은 지혜로운 일이 아닐 수 없습니다.

통역사를 두고 설교를 하는 사역자가 유의해야 할 사항은 네 가지가 있습니다.

첫째, 원고를 전달하고 간략하게 설명해야 합니다. 아무리 노련한 설교자라고 할지라도 원고를 준비한다는 것은 결코 영성의 반의어가 아닙니다. 수십 년간 설교한 목사님들도 원고는 철저히 준비하는 것을 어렵지 않게 볼 수 있습니다. 중요한 것은 이 원고가 통역사에게 전달이 되어야 한다는 것입니다.

원고에는 두 가지가 있는데, 하나는 토시 하나 생략하지 않고 문장을 그대로 쓰는 transcription 원고, 또 다른 하나는 간략하게 대지와 인용할 성구만 쓰는 outline 원고가 있습니다. 통역의 질을 보장받기 위해서는 전자가 낫다고 볼 수 있습니다. 여기에는 원고에 얽매여야 한다는 단점이 있습니다. 그러나 통역사는 충분한 시간을 두고 각 문장을 번역할 수 있으므로 보다 정확한 통역이 가능하게 됩니다.

 어떤 종류의 원고를 선택하든 원고를 작성하여 통역사에게 사전에 전달해야 할 뿐만 아니라 간략하게나마 설명하는 것이 유익합니다. 표현에도 함축적 의미라는 것이 있기 때문에 말하고자 하는 메시지를 사전에 통역사에게 충분히 설명하고, 이해가 안 되는 부분이 있다면 함께 성경을 보면서 설교를 요약해서 말하는 것도 좋은 방법이 됩니다. 이렇게 함으로써 통역사는 단어 선택, 인용될 성구, 핵심 문장을 보다 적절하게 표현할 수 있게 됩니다.

 둘째, 인용할 성경 구절을 미리 알려 줍니다. 통역설교자로서 겪었던 가장 큰 고충은 설교자가 원고에 없는 성경 구절들을 줄줄이 인용할 때가 아닌가 싶습니다. 물론 성령의 감동하심에 따라 설교자는 원고에 얽매어서는 안 됩니다. 그러나 자칫 잘못하면 잘 알려진 성구가 아닌 이상 성경적인 통역을 기대할 수는 없습니다. 그러므로 원고에 없는 성구를 인용할 경우에는 목회자들이 평소에 암기하고 있는 유명한 성구를 인용할 것을 권합니다.

 인용할 성경 구절을 통역사에게 사전에 알려야 하는 이유는 내가 강조하고자 하는 단어가 다른 언어로는 큰 의미가 없거나, 혹은 다른 단어로 번역되거나 아예 생략되는 경우도 간혹 있기 때문입니다. 이것은 순간적이지만, 통역사에게 굉장히 큰 긴장을 야기시킵니다. 또한 은혜로운 통역은 언제까지나 성구를 막힘없이 말하는 것에 비결이 있음을 알고 통역사가 은혜롭게 말할 수 있도록 배려하는 것이 좋습니다.

셋째, 전달하기 힘든 메시지는 삼가야 합니다. 통역사가 경험이 다소 부족하거나 아니면 처음으로 만난 사람이어서 전달하기 힘든 메시지라면 삼가는 것이 좋습니다. G12 셀 사역으로 유명한 카스텔라노스(Castellanos) 목사님께서는 통역사에 대한 충분한 신뢰를 확보하지 않을 경우 난이도가 비교적으로 높은 메시지는 삼간다고 말씀하신 바 있습니다. 그 이유는 통역사가 먼저 이해를 해야 청중들에게 효과적으로 전달되기 때문입니다.

더욱이 타 문화권에서 설교할 때에는 지극히 한국적인 메시지는 피하는 것이 좋습니다. 가령 "노랗다, 누렇다, 누리끼리하다."라는 표현은 지극히 한국적인 표현이므로 아무리 노련한 통역사라도 대개 이런 표현들을 도착어로 표현하는 데에는 많은 어려움을 겪습니다.

그러므로 해외에서 통역사를 두고 설교하는 사람이라면 간단명료하게 설교를 준비하는 것이 좋습니다.

넷째, 스피드를 조절해야 합니다. 스피드 조절은 설교의 일정한 속도만을 가리키는 것이 아니라, 휴지(pause)의 적절한 사용을 지칭하기도 합니다. 어떤 설교자들은 통역사를 배려한다면서 지나치게 휴지를 많이 이용하기도 하는데, 통역사에게 있어서 이것은 큰 어려움이 아닐 수 없습니다.

저는 10여 년 동안 많은 설교자들의 설교를 통역해 보았습니다. 그 가운데는 세계적인 초대형교회의 목사님들도 있었지만, 개척교회의 목사님들도 있었습니다. 그러나 큰 교회 작은 교회 할 것 없이 통역사를 두고 설교를 해 본 경험이 많은 목회자일수록 휴지 사용의 정확도가 그만큼 높았습니다. 그러므로 단문(short sentences)이 설교전달의 비결이라고 할 수 있습니다.

한마디로, 통역의 질을 보장받기 위해서는 통역사를 사전에 만나 친분을 쌓는 것이 절대적으로 중요합니다. 사람들은 설교자를 보지만, 통역사의 말을 듣기 때문입니다.

존중한다

　설교자들이 잊지 말아야 할 것 중의 하나가 통역사 역시 한 인격체이지 통역하는 기계가 아니라는 점입니다. 어떤 설교자들은 통역사를 인격적으로 존중하지 않기 때문에 통역사도 탁월한 질의 통역을 보장하지 않는 경우를 볼 수 있습니다.

　대개의 경우 인격적인 설교자들은 강단에 올라서자마자 주최 측 관계자들, 혹은 초빙한 교회의 담임 목회자뿐만 아니라 통역 강사를 소개하면서 감사하다는 표현을 하는 데 익숙해 있습니다. 그 이유는 통역사에게 힘을 실어줌으로써 통역의 질을 보장 받을 수 있다는 것을 알고 있기 때문입니다. 그러므로 함께 강단에 서게 되는 이상 설교자는 통역사를 전적으로 신뢰해 주어야 합니다. 간혹 설교자가 평이한 말을 했는데도 불구하고, 통역사가 이를 위트 있게 통역하여 청중이 웃는다면, 이때 설교자는 당황하지 말고 통역사가 설교자의 메시지를 성실하게 통역하고 있음을 믿어야 합니다. 따라서 설교자는 통역의 내용은 물론 통역사에 대한 전폭적인 신뢰가 있어야 합니다.

어떤 교회들을 방문하면, 강단에 서는 순간 설교자의 마이크는 준비가 되어 있는데 통역강사의 마이크는 준비되어 있지 않아 당황스러울 때가 있습니다. 그런 경우 통역강사는 일반적으로 찬양 사역자들이 사용하던 마이크를 무작위로 선택하여 사용하게 됩니다.

그러나 이것은 통역사에 대한 배려가 없는 것임은 물론, 앰프가 미처 조절이 되어 있지 않아 설교자의 마이크와는 달리 통역사의 마이크는 저음이 높거나 하오링이 나는 경우가 많아 청중이 듣기에 굉장히 거북한 불필요한 잡음을 일으키는 문제점이 있습니다. 따라서 주최측은 이런 세심한 부분에서도 통역강사에 대한 배려를 해야 합니다.

다른 사역과 마찬가지로, 통역사 역시 사례금을 자신이 직접 책정하는 경우는 없습니다. 이것은 주최측의 권한이므로 통역사를 초빙할 경우 그에 따른 사례금도 책정하는 것이 관례입니다. 통역강사는 설교자의 최소한 50% 이상의 사례금을 받게 됩니다. 인격적으로 존중한다는 것은 금전적으로도 보상이 따라야 함을 의미합니다.

마지막으로, 통역강사에 대한 배려는 쉬는 시간을 주는 데 있습니다. 며칠 동안 집회가 지속되고 또한 장시간 여행을 한 상황이라면 통역강사 역시 휴식할 수 있는 시간이 필요합니다. 이런 의미에서 통역강사는 주강사와 똑같은 접대를 해 주는 것이 바람직합니다. 설교자가 휴식할 시간에 통역사가 소그룹을 인도한다거나 집회장을 둘러보면서 체크를 한다거나 다른 회의에서 통역을 한다고 할 경우, 정작 중요한 집회에서 집중력이 흐트러질 수 있기 때문에 은혜로운 통역설교를 하지 못할 수도 있습니다.

통역사가 주목을 받을 필요는 없습니다. 그러나 설교자가 회의를 시작하면서 통역사가 누구인지를 사람들에게 소개를 하고, 강단에서 긴장한 통역사의 어깨를 살짝 치는 행위는 통역사에게 사막의 오아시스를 발견한 느낌을 받게 됩니다.

그러므로 통역사를 두고 설교하는 설교자들은 모든 일에 앞서 통역사를 인격적으로 존중해 주어야 합니다.

제10장 번역은 이렇게 하라

말은 사라지지만 글은 남는다
직역인가, 의역인가?
저자의 사상에 잠기라

말은 사라지지만 글은 남는다

    동시통역이 대학원에서 배우는 과정이라고 해서 번역이 쉬운 것은 아닙니다. 통역이 순발력을 요구하는 하나의 기술이라면, 번역은 상상력을 요구하는 하나의 예술이라고 정의할 수 있습니다.

    이렇듯 통역과 번역은 유사성이 있으면서도 그 성격 면에서는 차이를 드러내기도 합니다. 영어에도 통역을 가리켜 interpretation이라고 하는 반면에 번역을 가리켜 translation이라고 합니다.

    번역(translation)이라고 하는 용어의 어원을 거슬러 올라가 보면 매우 흥미롭습니다. 왜냐하면, 이는 1539년 인문학자이자 번역학자였던 로베르 이스띠엔(Robert Estienne)이 최초로 이 단어를 사용하기 시작했기 때문입니다. 일명 로베르 스테파누스

(Robert Stephanus)로도 알려진 이 사람은 다름 아닌 헬라어 신약성경의 절을 구분한 사람입니다.

아무리 인터넷이 발달되었더라도 책은 사라지지 않습니다. 통역과 번역의 차이점은 언제 어디서나 누구든지 읽을 수 있는 글을 남기는 뿌듯함에 있습니다. 때로는 수십 년 전에 출간된 책을 번역하게 됨으로 번역에는 과거와 현재, 그리고 미래를 오가는 묘한 경험을 할 수 있는 묘미가 있습니다.

한 예로 스페인어권 서적을 보면, '옮긴이의 말'이 없습니다. 저는 언젠가 출판사 사장님께 한국에서는 책 안에 역자가 몇 마디를 쓸 수 있는 공간을 제공한다고 말하자 사장님께서는 이를 흔쾌히 허락하셨습니다. 그래서 본의 아니게 스페인어권 기독교 부문에서는 최초로 '옮긴이의 말'을 쓰는 사람이 되었습니다. 여기서 중요한 것은 저자가 전하는 메시지를 독자들이 보다 쉽게 이해할 수 있는 정보를 제공함으로써 누구든지 이 글을 읽을 수 있다는 데 있습니다.

이런 의미에서, 번역은 '재창조'라고 할 수 있습니다. 흥미로운 것은 똑같은 책을 같은 역자라도 두 번 번역할 경우, 번역본이 서로 다르다는 점입니다. 그만큼 역자의 역할이 중요합니다.

통역과는 달리 번역은 시간에 쫓기지 않는다는 것이 특징이라고 할 수 있습니다. 물론 원고마감일은 충분한 시간을 갖고 번역하지 못하도록 가로막는 압박감을 주기도 합니다. 그러나 대개의 경우, 충분한 시간이 할애됨에 따라 번역사는 무엇보다 영원토록 남을 글을 새긴다는 마음으로 충실한 번역에 매진해야 합니다.

또한 번역은 동시통역을 잘할 수 있는 가장 든든한 기초가 됩니다. 그러므로 통역설교를 꿈꾸는 사역자라면 먼저 번역에 뛰어들 것을 강력히 권하고 싶습니다.

직역인가, 의역인가?

많은 사람들은 직역인가, 의역인가 하는 질문에 고심하고는 합니다. 그러나 전문가의 입장으로서는 사실상 직역과 의역은 문제될 것이 하나도 없는 영역입니다. 왜냐하면, 때에 따라 병행해야 하기 때문입니다.

요점은 '개념(concept) 전달'입니다. 즉, 전문 용어가 아닌 이상 문자적으로 번역하게 되면, 각 문화의 차이를 극복시켜 주는 개념을 전달하기가 힘듭니다. 그 때문에 굳이 둘 중의 하나를 선택하자면, 일부 전문 용어를 제외하고는 의역이 옳습니다. 예를 들어, 영어권 나라에 속한 저자가 "win the souls for Christ"라고 글을 썼다고 가정해 봅시다. 문자적으로는 "그리스도를 위해 영혼을 이기는 것"이 됩니다. 그렇다고 해서 도착어 표현이 애매한 문장마다 역자 주를 '이는 영혼을 구원하는 것을 의미한다.'라고 설명할 수는 없는 노릇입니다. 물론 여기에는 '비교문체론'이라고 하는 좀 더 복잡한 이론들을 적용해야 합니다.

저는 지금까지 30권에 이르는 방대한 양의 책을 번역했습니다. 처음에는 저자의 뉘앙스를 최대한 살려 충실한 번역을 해야겠다고 생각한 나머지 스페인어 현대어성경도 논문을 쓰듯이 일일이 번역본의 이름을 기재한 생각이 납니다.

지금 같으면 '현대어성경'이라고 표기를 하겠지만, 그때는 원어로 번역본의 이름을 쓰고 역자 주를 달아 일일이 설명하는 실수를 범했습니다. 논문에는 권장할 만한 방법이지만, 일반 기독교 서적에 이를 표기하는 것은 오히려 독자들에게 큰 혼동을 야기시킬 수도 있으므로 개념만 전달할 것을 권합니다.

염두에 두어야 할 또 다른 점은 출발어, 도착어라 할 것 없이 히브리어와 헬라어가 아닌 이상 모두 다 번역본이라는 것입니다. 모든 번역본이 그렇지만, 역자에 따라 단어 선택 및 뉘앙스가 각각 다를 수 있습니다.

가령 한글개역성경을 사용하던 시대에 창세기 12장 2절을 인용하던 한국인 설교자가 "너는 복의 근원이 될지라."고 말한다고 했을 경우 통번역사들은 당연히 "You shall be a blessing"이라고 말합니다. 그런데 문제는 한국인 설교자가 "여기서 근원이라고 하는 것이 중요합니다."라고 할 때 발생합니다. 왜냐하면, 원어를 포함한 영어성경에는 '근원'이라는 단어가 없기 때문입니다.

또 다른 경우는 느헤미야 8장 1절의 말씀입니다. '일제히'라고 하는 표현을 영어성경에는 'as one man'으로 기록하고 있습니다. 영어권 저자가 성도들의 연합을 강조하기 위해 이를 다시 짚고 넘어갈 경우 한국인 통번역사들은 기껏해야 문자적으로 번역해서 '마치 한 사람인 것처럼'이라고 표현할 것이고, 의미전달에 좀 더 익숙한 사람들은 성경적인 표현 그대로 '일제히'라고 기록할 것입니다.

그러면 어떤 번역 방식을 채택해야 됩니까? 문제는 상황과 문맥에 따라 바뀐다는 데 있습니다. 그러므로 만일 저자가 그저 1절을 인용하는 것에 그친다면 '일제히'라고 번역해야 하지만, 'as one man'이라고 하는 표현을 강조하고자 한다면, 문자적으로 번역하는 것이 옳습니다. 물론 혼동을 방지하기 위해 역자는 간략한 설명을 첨가해야 합니다.

저자의 사상에 잠기라

리더십의 대가 존 맥스웰(John Maxwell)은 책의 저자들을 소개하면서 인간에게 있어서 바로 이들이 역사적인 친구(historical friends)라고 칭한 바 있습니다. 저자 가운데는 이미 고인이 된 작가들도 있지만, 현재 생존하는 작가들도 많이 있습니다.

훌륭한 번역을 하기 위해서는 출발어와 도착어에 대한 해박한 지식이 전제가 되어야 하지만, 저자와 친분을 쌓는 것처럼 효력 있는 방법도 드물 것입니다. 왜냐하면, 저자와 직접 만남으로써 그의 사상을 보다 깊이 이해할 수 있기 때문입니다. 또한 저자가 본래 의도했던 글 사이에 있는 뒷이야기를 들을 수 있는 둘도 없는 기회이기도 합니다.

혹자는 '작가보다 위대한 작품은 있을 수 없다.'라고 말한 바 있습니다. 아무리 많은 교정을 거쳐 출간된 책이라고 할지라도 저자의 풍부한 사상을 담아내기에는 역부족이라는 뜻입니다. 그 때문에 번역을 시작하기 전에 저자와 직접 만나 교제를 나눈다는 것은 값진 경험이 아닐 수 없습니다.

저는 지금까지 수십 권의 번역서를 출간했지만, 저자와 개인적인 친분을 쌓지 않은 채 번역한 책은 없습니다. 사실 번역은 저로 하여금 세계적인 주의 종들의 설교를 통역하는 일을 가능케 만들었고, 오늘날에도 그들로부터 끊임없는 영감을 받는 계기를 마련했습니다.

저자의 사상에 잠김으로써 그와 하나가 되는 느낌은 이 세상에 그 어떤 것과도 비교할 수 없는 값진 경험입니다.

|저자후기|

하나님의 감동하심으로 통역설교에 대해 글을 써야겠다는 생각이 들어서 저는 곧바로 이 주제에 관한 기독교 서적이 있는지를 찾아보기 시작했습니다. 그러나 놀랍게도 관련 서적을 찾는 데 실패하였고, 혹시 해외에는 있지 않을까 하는 생각에 여러 경로를 통해 검색을 해 보았지만 역시 찾을 수 없었습니다.

세계 최초로 통역설교를 다룬 글을 쓴다는 것에 대해 자부심이 있었지만 한편으로는 그동안 아무도 통역사역에 대해 글을 쓰지 않았다는 것에 대한 아쉬움이 있었습니다.

'아직까지 개발되지 않은 미개척 영역에 아무도 손을 대지 않은 것을 보면 가능성이 없다.'라고 말하는 부정적인 사람들이 있었습니다. 그러나 저는 '네가 최초로 이 일을 하게 되었다.'라고 생각하는 긍정적인 사람들이 하는 말을 되새기며 학문적으로 손색이 없으면서도 통역설교라는 전문사역에 대해 저의 경험을 비추어 나름대로 상세하게 서술하려고 노력했습니다.

통역설교는 성령의 절대적인 인도하심을 전제로 하는 사역입니다. 성령의 감동하심이 없는 통역설교는 있을 수 없습니다. 집회를 위해 강사 못지않게 기도에 목숨을 거는 통역사를 능가할 통역사는 없습니다. 그러므로 통역설교를 함에 있어서 무엇보다 성령의 도우심을 구하라는 것이 저의 마지막 한마디입니다.

어떤 통역사들은 설교 도중에 통역을 하다 너무나도 많은 은혜를 받은 탓에 코끝이 찡하여 잠시 머뭇거리거나 그저 눈물을 흘릴 때도 있습니다. 일반통역에서는 상상도 할 수 없는 일이지만, 성령의 인도하심을 필요로 하는 통역설교에서는 얼마든지 발생할 수 있는 일입니다.

때로는 너무나도 빠른 속도로 진행되는 설교 때문에 평소에 줄줄이 외우는 성경 구절도 순간적으로 잊어버려 당황할 때도 있습니다. 그런데 놀랍게도 그때마다 성령께서 말씀을 생각나게 하시고, 적절한 어휘와 표현을 재빨리 선택하여 이를 도착어로 탁월하게 구사할 수 있도록 도와주신 적이 한두 번이 아니었습니다.

그러므로 성령의 인도를 받으십시오. 통역설교가 일반통역과 가장 두드러지게 구별되는 점을 한 가지 꼽으라고 한다면, 저는 '성령의 역사'라고 말하고 싶습니다. 성령의 임재가 있는 통역설교는 차원이 다릅니다.

당신도 통역설교를 할 수 있습니다!